近代精神文化系列

翻译史话

A Brief History of Translation in China

王晓丹 / 著

社会科学文献出版社
SOCIAL SCIENCES ACADEMIC PRESS (CHINA)

图书在版编目（CIP）数据

翻译史话/王晓丹著. —北京：社会科学文献出版
社，2012.3
（中国史话）
ISBN 978 - 7 - 5097 - 3097 - 3

Ⅰ.①翻… Ⅱ.①王… Ⅲ.①翻译 - 语言学史 -
中国 Ⅳ.①H159 - 092

中国版本图书馆 CIP 数据核字（2011）第 282655 号

"十二五"国家重点出版规划项目

中国史话·近代精神文化系列

翻译史话

著 者 / 王晓丹

出 版 人 / 谢寿光
出 版 者 / 社会科学文献出版社
地 址 / 北京市西城区北三环中路甲 29 号院 3 号楼华龙大厦
邮政编码 / 100029

责任部门 / 人文分社 （010）59367215
电子信箱 / renwen@ ssap. cn
责任编辑 / 王学宁 黄 丹
责任校对 / 宋淑洁
责任印制 / 岳 阳
总 经 销 / 社会科学文献出版社发行部
 （010）59367081 59367089
读者服务 / 读者服务中心（010）59367028

印 装 / 北京画中画印刷有限公司
开 本 / 889mm × 1194mm 1/32 印张 / 5.375
版 次 / 2012 年 3 月第 1 版 字数 / 106 千字
印 次 / 2012 年 3 月第 1 次印刷
书 号 / ISBN 978 - 7 - 5097 - 3097 - 3
定 价 / 15.00 元

总　序

　　中国是一个有着悠久文化历史的古老国度，从传说中的三皇五帝到中华人民共和国的建立，生活在这片土地上的人们从来都没有停止过探寻、创造的脚步。长沙马王堆出土的轻若烟雾、薄如蝉翼的素纱衣向世人昭示着古人在丝绸纺织、制作方面所达到的高度；敦煌莫高窟近五百个洞窟中的两千多尊彩塑雕像和大量的彩绘壁画又向世人显示了古人在雕塑和绘画方面所取得的成绩；还有青铜器、唐三彩、园林建筑、宫殿建筑，以及书法、诗歌、茶道、中医等物质与非物质文化遗产，它们无不向世人展示了中华五千年文化的灿烂与辉煌，展示了中国这一古老国度的魅力与绚烂。这是一份宝贵的遗产，值得我们每一位炎黄子孙珍视。

　　历史不会永远眷顾任何一个民族或一个国家，当世界进入近代之时，曾经一千多年雄踞世界发展高峰的古老中国，从巅峰跌落。1840 年鸦片战争的炮声打破了清帝国“天朝上国”的迷梦，从此中国沦为被列强宰割的羔羊。一个个不平等条约的签订，不仅使中国大量的白银外流，更使中国的领土一步步被列强侵占，国库亏空，民不聊生。东方古国曾经拥有的辉煌，也随着西方列强坚船利炮的轰击而烟消云散，中国一步步堕入了半殖民地的深渊。不甘屈服的中国人民也由此开始了救国救民、富国图强的抗争之路。从洋务运动到维新变法，从太平天国到辛亥革命，从五四运动到中国共产党领导的新民主主义革命，中国人民屡败屡战，终于认识到了"只有社会主义才能救中国，只有社会主义才能发展中国"这一道理。中国共产党领导中国人民推倒三座大山，建立了新中国，从此饱受屈辱与蹂躏的中国人民站起来了。古老的中国焕发出新的生机与活力，摆脱了任人宰割与欺侮的历史，屹立于世界民族之林。每一位中华儿女应当了解中华民族数千年的文明史，也应当牢记鸦片战争以来一百多年民族屈辱的历史。

当我们步入全球化大潮的21世纪，信息技术革命迅猛发展，地区之间的交流壁垒被互联网之类的新兴交流工具所打破，世界的多元性展示在世人面前。世界上任何一个区域都不可避免地存在着两种以上文化的交汇与碰撞，但不可否认的是，近些年来，随着市场经济的大潮，西方文化扑面而来，有些人唯西方为时尚，把民族的传统丢在一边。大批年轻人甚至比西方人还热衷于圣诞节、情人节与洋快餐，对我国各民族的重大节日以及中国历史的基本知识却茫然无知，这是中华民族实现复兴大业中的重大忧患。

中国之所以为中国，中华民族之所以历数千年而不分离，根基就在于五千年来一脉相传的中华文明。如果丢弃了千百年来一脉相承的文化，任凭外来文化随意浸染，很难设想13亿中国人到哪里去寻找民族向心力和凝聚力。在推进社会主义现代化、实现民族复兴的伟大事业中，大力弘扬优秀的中华民族文化和民族精神，弘扬中华文化的爱国主义传统和民族自尊意识，在建设中国特色社会主义的进程中，构建具有中国特色的文化价值体系，光大中华民族的优秀传统文化是一件任重而道远的事业。

当前，我国进入了经济体制深刻变革、社会结构深刻变动、利益格局深刻调整、思想观念深刻变化的新的历史时期。面对新的历史任务和来自各方的新挑战，全党和全国人民都需要学习和把握社会主义核心价值体系，进一步形成全社会共同的理想信念和道德规范，打牢全党全国各族人民团结奋斗的思想道德基础，形成全民族奋发向上的精神力量，这是我们建设社会主义和谐社会的思想保证。中国社会科学院作为国家社会科学研究的机构，有责任为此作出贡献。我们在编写出版《中华文明史话》与《百年中国史话》的基础上，组织院内外各研究领域的专家，融合近年来的最新研究，编辑出版大型历史知识系列丛书——《中国史话》，其目的就在于为广大人民群众尤其是青少年提供一套较为完整、准确地介绍中国历史和传统文化的普及类系列丛书，从而使生活在信息时代的人们尤其是青少年能够了解自己祖先的历史，在东西南北文化的交流中由知己到知彼，善于取人之长补己之短，在中国与世界各国愈来愈深的文化交融中，保持自己的本色与特色，将中华民族自强不息、厚德载物的精神永远发扬下去。

《中国史话》系列丛书首批计 200 种，每种 10 万字左右，主要从政治、经济、文化、军事、哲学、艺术、科技、饮食、服饰、交通、建筑等各个方面介绍了从古至今数千年来中华文明发展和变迁的历史。这些历史不仅展现了中华五千年文化的辉煌，展现了先民的智慧与创造精神，而且展现了中国人民的不屈与抗争精神。我们衷心地希望这套普及历史知识的丛书对广大人民群众进一步了解中华民族的优秀文化传统，增强民族自尊心和自豪感发挥应有的作用，鼓舞广大人民群众特别是新一代的劳动者和建设者在建设中国特色社会主义的道路上不断阔步前进，为我们祖国美好的未来贡献更大的力量。

陈奎元

2011 年 4 月

目　录

　　中国的翻译史源远流长。概括地讲，大致经历了三个阶段。第一阶段，是从汉代到元代的对佛教经典的翻译。在这一漫长的历史时期内，中国和印度两国的僧人翻译了大量的佛教典籍，这些典籍对中国的文化产生了巨大的影响。其鼎盛时期是唐朝。第二阶段，是明末清初对西方科学著作的翻译。这个时期的翻译高潮是由西方传教士来华传教而引起的。第三阶段，是中国近代对于西方科技、思想乃至文艺的全面翻译介绍。这一阶段大约开始于 1840 年的鸦片战争。

　　在中国古代早期，汉民族在与其他民族的交往中就有了语言的翻译，但那时多是口译。

　　中国形成规模的翻译外国文字的活动是从汉代开始的。随着佛教的传入，从东汉桓帝末年开始，中国开始了佛经的翻译，经魏晋南北朝的进一步发展，到唐朝时期达到了鼎盛。佛教典籍的翻译大约可以分为三个阶段，第一阶段是从公元 148 年到 316 年，即从东汉末年到西晋；第二阶段从公元 317 年到 617 年，从东晋到隋末；第三阶段从公元 618 年到 906 年，即我国唐代，这一时期是我国佛教的鼎盛时期。在700多年的漫长历史时期里，最著名的佛经翻译家有4位，即：鸠摩罗什、真谛、玄奘和不空。他们被称为中国佛教史上的四大佛经翻译家。

鸠摩罗什（344～413），略称"罗什"，生于龟兹国（今新疆库车一带）。7岁随母出家。博读大小乘经论，名闻西域诸国。姚秦弘始三年（401），姚兴派遣使节迎罗什到长安（今西安），主持译经。据《开元释教录》，8年间与弟子共译经74部384卷，现存的有39部313卷。重要的经、论、传有《摩诃般若经》、《妙法莲花经》、《维摩诘所说经》、《金刚经》、《中论》、《百论》、《十二门论》、《大智度论》、《马鸣菩萨传》、《龙树菩萨传》和《提婆菩萨传》等。

真谛（499～569），西印度优禅尼人。梁大同元年（546）抵达广州，留住两年后到建业。据《高僧传》说，在23年中，真谛翻译的经论、记传共64部278卷，现存26部87卷。

玄奘（602～664），通称"三藏法师"，姓陈，名袆，洛州缑氏（今河南偃师县）人。13岁在洛阳出家。公元629年离开长安，历尽艰险，4年后到达当时印度佛教的最高学府那烂陀寺。公元645年正月，玄奘携带大量梵文经典回到长安。在此后的19年里，他所主持的译场共译经论75部1335卷。在他主持译场期间，还培养了一些翻译人员，他们在以后的译经事业中发挥了一定的作用。中国的佛经翻译事业，由玄奘推到了顶峰。

不空（705～774），北印度人，婆罗门种姓，幼年时随叔父来到中国，15岁拜金刚智为师，以后参加佛经的翻译。开元二十九年（741）从海路出发到师子国（今斯里兰卡），遍游各地，终得秘藏及诸经论梵本共500部，于公元746年回到长安。后来共译出密教经典110部143卷，其中的《金刚顶经》是密教的重要经典。

佛经的翻译到了北宋日渐式微，元朝以后进入尾声。中国翻译史的第一阶段就此结束。

中国翻译西书的第二阶段发生在明末清初时期。当时大量的外国传教士来华传教。这些传教士为了传教的根本目的，在传教的同时，将西方的近代科学知识也翻译介绍给了中国。在众多的外国传教士中，对译著科技书籍有较大贡献的主要有：1582年来华的天主教耶稣会传教士、意大利人利玛窦，1620年来华的德国人汤若望，1658年来华的比利时人南怀仁和1622年来华的意大利人罗雅各。其中利玛窦是一个值得特别提及的人。

利玛窦于明朝万历十年（1582）由葡萄牙派遣来中国传教。在传教的过程中，利玛窦得出了两条经验。他认为要想在中国传教成功，一要"科学传教"，二要"儒教合一"。他总是穿中国人的儒服，并且在传教的过程中辅以科学知识的传播。他把这两条经验告诉后来的传教士。后来的更多的传教士便也在热衷于撰写中文的神学书籍的同时，编译一些科学书籍。结果在明末形成了科技书籍翻译活动的一个新阶段。但是在

1629 年徐光启奉命督修历法，建立历局之前，没有有组织形式的翻译，科技书籍的翻译都是各地的传教士或独立或与中国人合作完成的。

利玛窦和中国明代大科学家徐光启合作译著的《几何原本》在这一时期最具有代表性。《几何原本》的原书著者是希腊著名数学家欧几里得。西方的许多国家历来将其列为学生的必修科目。该书共 13 卷，500 多道题。一至六卷为平面几何，七至十卷为数论，十一至十三卷为立体几何。利玛窦翻译时所根据的本子是他在罗马神学院学习时的讲义。1607 年《几何原本》前 6 卷译完。在译完前 6 卷之后，徐光启希望继续译完全书，但利玛窦一心只在传教，并不想专事译述科技书籍，所以不愿继续完成后 9 卷。后来他又与徐光启、李之藻合译了许多其他的科学书籍。

1629 年，明崇祯二年，五月朔日食。明朝沿用的"大统历"所推算出的日食时刻发生严重偏差，而西方人推算的时刻得到了证实。中国历代的封建统治者都把自己看做是"天子"，相信"天人感应"之说，因此，十分注重天象。每年必行的"祭天"大典是封建统治者十分看重的一项重大的仪礼活动。"祭天"要依据历书，历书的准确因而是十分重要的。于是崇祯皇帝降旨，命徐光启督修历法。在明末科技翻译活动中，徐光启的创立历局修历，是一件大事。

徐光启（1562～1633），字子先，号玄扈，上海人。祖辈经商，后来家道中落，从事农业和手工业。1597 年中举人，1604 年成进士。1600 年先后结识了利玛窦、熊三拔等西方传教士。徐光启经常与他们探讨天文、地理、水利、测量等西方科技知识，尤其注重天文历算。1623 年为礼部右侍郎。崇祯年间先后任礼部尚书、翰林院学士、东阁学士、文渊阁学士。徐光启在奉旨督修历法后，立即上书，建议先翻译西书，然后用西书中的方法来校正"大统历"，使中西天文知识融会。徐光启创立的历局，可以看做是中国早期的科技翻译机构。历局先后共进呈历书、历表、图像 135 卷，此外，还有星屏一架和恒星总图一折。徐光启参加了前 4 次进呈的历书图表的工作，直到逝世前仍在为此殚精竭虑。在这个过程中，徐光启与中外同仁广泛翻译西书，汇通了中西方的天文知识，使得当时中国的历法优于西方的历法。

清康熙年间，以康熙皇帝为首，十分重视翻译和编纂西方科学书籍，使自明末徐光启开始的译介西书的高潮得以保持。据统计，在康熙在位期间，翻译的自然科学书籍有 42 种。此外，在康熙的组织下，经过多年的努力，编纂出了《律历渊源》。这是一部包容了大量西学知识的百卷巨著。康熙末年，罗马教廷派特使来华干涉中国教徒拜孔祭祖。康熙帝震怒，遂禁止"西洋人在中国行教"。1724 年，雍正帝发布禁教令。此后的一百多年间，天主教在中国是被禁止的。由于在华西方传教士数量的降低，以及他们同中国士大夫接触的减少，人们对西学的兴趣逐渐降低。自此，兴盛一时的译介西方科学技术书籍的高潮便随之停止了。这之后的中国采取了闭关自守的政策，并因闭关自守而成为妄自尊大的国家。然而西方资产阶级国家在这段时间里，科学技术蓬勃发展，并完成了产业革命。

从明末翻译刻印《几何原本》到 1724 年清雍正帝禁止外国传教士在我国传教时为止，在大约 120 年的时间里，中国共译述西方的天文学、数学、地理学等自然科学书籍百余种。学术界有人将这一时期翻译西书的高潮称之为"西学东渐"的第一次高潮，亦即我国翻译史的第二阶段。

中国翻译史的第三阶段大约始于清末、中英鸦片战争之后，止于中华人民共和国成立。在这一时期里，西方科技、思想乃至文艺等各方面的著作得到了全面的译介。相对于明末清初"西学东渐"的第一次高潮，有人将这一阶段称之为"西学东渐"的第二次高潮。

在这一阶段里，对于所译西书的选择，在时间顺序上，表现出某种倾向。翻译重心依次表现为科学技术类、社会科学哲学类和文学艺术类。这种逐渐改变的重心移动同中国近现代史有着极其密切的关系。它从侧面记载了中国人民救亡图存、走向新生的奋斗历程。

一 西方近代科技书刊的翻译

 鸦片战争和林则徐

19世纪初，欧美资本主义发展十分迅速。英国的工业，以棉纺织业为龙头，得到了很大的发展。以英国为首的西方资本主义国家此时急于打开闭关锁国的中国这一巨大的市场，以得到巨额利润。但由于中国当时自给自足的农业经济尚未完全衰败以及清政府对外贸易的严格限制，使得英国输出中国的棉纺织品和其他工业品销路不佳。为了获得高额利润，英国开始向中国大量输出鸦片。鸦片的输出，不仅使得英国大量攫取了中国的白银，而且毒害了中国人民的身心健康。当清政府企图查禁时，英帝国主义便趁机挑起了鸦片战争，以武力强迫中国打开大门。

1840年，鸦片战争爆发。英帝国主义以坚船利炮轰开了中国壁垒森严的大门，震惊了朝廷上下和普通百姓。面对外国侵略者，林则徐是清朝廷中坚决的主战派代表人物，而且也是中国近代史上第一个睁开眼睛看世界，注意了解西方资本主义国家情况的朝廷重臣。

林则徐（1785～1850），字元抚，福建侯官（今福州市）人。他的父亲是一名穷秀才，家境清贫。在父亲的诱导下，林则徐发奋苦读，13岁中秀才，20岁中举人，27岁成进士。他由监察御史、道员、按察使、布政使一步步升任为巡抚、总督，成为威震一方的封疆大吏。鸦片战争爆发前，1838年12月，他被任命为钦差大臣，节制广东水师，到广州查禁鸦片。1840年10月，因受诬陷被革职，充军伊犁。1845年遇赦，先后任陕西巡抚和云南总督。1849年因病辞官回籍。1850年受命钦差大臣，赴广西镇压农民起义时，途中病死于潮州普宁县。

林则徐积极主张翻译西书，源于他坚决禁烟抗英的需要。他切身体会到，要想和外国人打交道、战胜英国人，就必须了解对方。于是他在到达广州后，便每天派人探听英国人的消息，同时购买英国人的报纸以了解情况。为了翻译西书，他又设立译馆，组织人翻译和编译西书。梁进德和袁德辉是译馆中的重要翻译人员。梁进德为中国早期基督徒和传教士梁发之子。他自幼随美国传教士学习英文，后曾入澳门马礼逊教育社学习。林则徐到达广州后，聘他为英文译员。袁德辉1827年毕业于马六甲的英华书院，是从马来亚归国的华侨。1838年底，他被任命为林则徐的翻译，随其到广州。

《澳门月报》是林则徐首先组织编译的有关西方各国情况的参考类报刊。其外文原稿主要来自英国商人创办的《广州周报》、美国人创办的《广州纪事报》、

《新加坡自由报》以及印度等国的报纸。《澳门月报》中有5辑，后来由魏源收入《海国图志》中。

林则徐还组织人编译了英国人德庇时写的《中国人》中的一部分，名为《华事夷言》。德庇时曾任东印度公司驻广州大班、英国政府驻华第二商务监督。《中国人》的主要内容是外国人以自己的目光所观察到的中国文化艺术、风土人情、社会和经济等问题。根据《中国人》编译的《华事夷言》的摘要后来也被收入《海国图志》。

1839年夏，英国水手在九龙附近的尖沙咀酗酒行凶，殴伤多人，一人伤重死亡。林则徐请当时在广州的美国传教医生伯驾摘译了瑞士人滑尔达写的《各国律例》中的有关内容，然后依据书中的有关条文向英方提出捉拿凶手归案的要求。这些译文后来也由魏源收入《海国图志》。1839年11月，林则徐又组织摘译了《对华鸦片贸易罪过论》中的一些内容。《对华鸦片贸易罪过论》是英国人写的。林则徐从译文中了解到，即便是在英国国内也有人反对罪恶的鸦片贸易，从而更坚定了他禁烟的决心，同时促使他在与外国商人打交道时采取不同的态度和措施。1840年，他从《澳门新闻报》中了解到英俄争夺阿富汗和土耳其的情形，敏锐地觉察到沙俄对中国新疆的威胁。当他被流放到新疆时，为了防御沙俄的入侵，提出了"屯田实兵、合兵农而一"的建议。

林则徐组织人编译的最重要的一部书是《四洲志》。这部书是根据英国人慕瑞的《地理大全》中的一部分编译成的。1841 年,林则徐遭奸臣排挤,被朝廷发配新疆,路途上,他在江苏的京口(今镇江)与挚友魏源会面。会面时,他把《四洲志》和其他一些译文的手稿交给了魏源。魏源后来在编译《海国图志》时,便把《四洲志》的内容收了进去。

林则徐为了抗击英军,曾认真研究过明末焦勖和德国传教士汤若望合作译述的《火攻挈要》,还命人摘译关于火炮操作的资料,以便参考。可以说,林则徐是清末科技文献翻译的先驱,是第一个睁开眼睛看世界,并通过翻译西书了解外国事物的人。

继林则徐之后,在翻译外国文献方面做出贡献的,首推林则徐的挚友魏源。

魏源(1794~1857),原名远达,字默深,湖南邵阳人。自幼勤奋好学。29 岁中举人。仕途不顺,52 岁才中进士。人们常将他和龚自珍并称为清朝末年改革派的进步思想家。1842 年 8 月中英签订《南京条约》时,他写成了脍炙人口的《圣武记》,宣扬武功以鼓舞人心。1857 年病逝于杭州。龚自珍曾赞扬他:"读万卷书,行万里路;综一代典,成一家言。"

魏源最主要的成就是他编纂的《海国图志》。《海国图志》初刻本 50 卷本,成书于 1842 年 12 月。1847 年增订为 60 卷本。1852 年进一步扩编为 100 卷本。这是中国近代最早的一部详尽地介绍有关世界各国历史、地理、科学技术的书。这本书对日本的明治维新产生过一定的影响。

魏源在《海国图志·叙》中明确地说,他编纂这本书是为了更好地了解敌人，加强抗敌力量，研究外交方式，达到"师夷长技以制夷"的目的。"师夷"就是指学习西方资本主义各国在科学技术尤其是军事技术上的长处。

该书除了收录林则徐组织翻译的《四洲志》等译稿外，还参考增补了美国传教士裨治文翻译的《美利哥合省国志略》。

这一时期西方文献翻译的方式以西方人口述，中国人笔录、编纂为主。这时中国还没有几个人懂得外语，因此，翻译工作主要以外国传教士为主。

 洋务运动和清廷的翻译学馆、翻译机构

1840年开始的鸦片战争，以清政府同英、美、法、俄等国先后签订多项不平等条约而结束。封建的清政府被迫放弃闭关政策，向所有的西方殖民主义者打开了大门。不平等条约的签订带来的是大量的战争赔款和各国殖民主义者对中国的疯狂掠夺。中国原有的农业手工业生产方式被破坏，民众无以谋生。于是，爆发了太平天国运动。面对洋人的坚船利炮和太平天国运动的打击，清政府内产生了洋务派。洋务派的主要代表人物，在中央是满族贵族奕䜣、文祥等人，在地方上则是官僚军阀曾国藩、李鸿章、左宗棠和后来的张之洞等人。他们在清朝官僚阶层内掀起了洋务运动。洋务运动总的宗旨是"中学为体，西学为用"，它的主要内容大体包括两个方面：创办西式军工企业、民用企业和创办西式学堂，培养外语人才。

在洋务运动期间，西学得以传播的途径主要有二：一是同文馆，其中以北京同文馆译介西书的数量为最多；二是制造局翻译馆，以江南制造局翻译力量最为雄厚。

同文馆 早在 1858 年，当英国逼迫中国同它签订《中英续约》时，英国在续约中无理地规定：三年以内中英两国往来外交文书得采用英文而辅以中文，但遇两国文义发生矛盾时，则以英文为正文，三年以后文书只得采用英文而不得使用中文。当时的清廷官员都不懂英文。为此，主持总理各国衙门事务的恭亲王奕䜣和文祥、桂良等人，上书咸丰皇帝，奏请设立同文馆，立即培养一批熟练掌握外语的人才。

1862 年，京师同文馆成立。首先设立的是英文馆，陆续又设立了法文、俄文、德文馆。各馆除了聘请中国人做教师外，还聘请了一些既懂得科学知识，又懂得中、外文的外国人做教师。同文馆有些像我们现在的外国语学校。京师同文馆的学制规定学习期限为 8 年，学生在前几年的时间里主要学习中、外文，在后来的几年里要学习科学知识和练习翻译书籍。学生毕业后，有的担任外交官员，有的在电报局、制造局、船政局担任要职，有的从事翻译工作，向国人传播西方的科学知识和技术。

1863 年，李鸿章以京师同文馆为例，奏请在上海成立外国语言文字学馆，即广方言馆。广方言馆培养船政、翻译、外交等方面的人才，招收的学生，学习自然科学、应用科学和外国语。1872 年，为了进一步培养高级专门人才，广方言馆选派了 30 名毕业生赴美学习。这是我国派出去的第一批留学生。1869 年，广方言馆并入江南制造局。

1864 年，广东设立了广州同文馆。1866 年，福州设立了船政学堂，学生学习英文、法文和制造、驾驶技术。1901 年，北京设立了京师大学堂。京师同文馆后来并入京师大学堂，成为译学馆。清末的各类翻译学馆实际上不只是培养翻译人才，同时也培养外交和科技人才。各个学馆实际上以教学为主，同时师生也都进行翻译工作。学馆成为当时刊行和传播西方科学知识和技术的主要部门之一。

京师同文馆当时的重要活动之一便是翻译西书，学馆鼓励教师和学生译书，因此，该学馆是同时代翻译西书最多的学馆。京师同文馆的师生翻译的书籍重要的大致有：美国传教士丁韪良译的《万国公法》和《格物入门》、《格物测算》；法国人毕利干译的《法国律例》和《化学指南》、《化学阐原》；汪凤藻译的《新加坡律例》、《英文举隅》和《富国策》；联芳与庆常译的《公法会通》；德贞译的《全体通考》；卫三畏和学生译的《天学发轫》；俄文馆学生译有《俄国史略》等。从上可以看出，同文馆翻译的书籍以国际公法和各国律法为多。这说明自鸦片战争之后，清廷与各个资本主义国家间的外交接触越来越多，不得不了解各国和国际间的律法。虽然同文馆翻译刊印的书籍大多呈送给了清朝政府各衙门的官员，并没有在民间引起多大的影响，但它毕竟使中国的封建官员了解了中国之外的世界，使得他们增长了知识。

制造局翻译馆 西方科学知识得以在中国广泛传播的第二条主要途径是清廷官方的翻译机构。这类翻译机构多隶属于洋务派兴办的各制造局、机器局。

洋务派在 19 世纪后半叶兴办了大约 20 个制造枪炮、船舰和弹药的军工厂。其中以 60 年代先后办起的四大军工厂最为著名，即李鸿章 1865 年在上海建立的江南制造局，李鸿章同年在南京设立的金陵机器局，左宗棠 1866 年在福建设立的船政局，崇厚 1867 年在天津设立的机器局。其中以江南制造局的力量最为雄厚。

1867 年，清末著名科学家徐寿、华蘅芳进入江南制造局工作。在他们的创议下，江南制造局附设翻译馆。在翻译馆中工作的中国人有李善兰、徐建寅、赵元益、李凤苞、舒高第、王德钧、江衡等几十位。外国人有英国人傅兰雅、伟烈亚力、傅少兰等；美国人林乐知、金楷理等，此外，还有日本人和其他国籍的人。

江南制造局翻译馆自成立到 1905 年，前后翻译了大量的科技书籍。据统计，约有 160 余种。在这 100 多种书籍中，有关兵政和技术的书最多，约有 60 多种。这充分显示了洋务派企图借助西方科技以抗拒帝国主义列强侵略的宗旨。除了这类书籍之外，翻译馆还译印了一些自然科学书籍。例如 10 卷本的《电学》，系统地介绍了电学知识。又如《热学图说》，以分子运动理论阐述了物体吸收热量的现象。《光学图说》介绍了光的直线和波状运动两种学说。此外还有化学方面的《化学鉴原》、《化学分原》、《化学工艺》等一系列书籍。

江南制造局翻译馆的译介无论在译书的选择上还是在翻译质量上都比同一时期的同文馆要好。而且翻译馆在翻译的过程中还十分重视专业术语定名的规范化。当时的许多译名一直延续使用至今，就说明了其科学性。

作为洋务派的官方机构，江南制造局翻译馆的人才力量是十分雄厚的。它是当时传播西方科学知识和技术的主要力量。在江南制造局翻译馆从事翻译工作的多是清末中国较著名的科学家和来华的外国传教士。

徐寿（1818～1884），江苏无锡钱桥寿岗人，幼年丧父，家道中落。青年时因获得上海墨海书馆刊印的《博物新编》一书，因而对于西方最新的化学、物理知识十分感兴趣，同好友华蘅芳等一起边钻研、边实验。1862年，由曾国藩推荐入安庆内军械所工作，研制汽机和轮船。他曾和华蘅芳等人一起独立研制成中国早期轮船之一"黄鹄"号。1865年他进入江南制造局，和华蘅芳一起倡议成立翻译馆。1868年，江南制造局翻译馆成立，他一直在那里从事翻译工作，并成为馆中的中坚力量。1874年，徐寿与英国人傅兰雅等创设了上海格致书院。格致，在清朝末年，是对声光化电等自然科学的统称。徐寿是近代化学启蒙者和化学翻译家。他先后参与译述的书籍有《化学鉴原》、《化学鉴原补编》、《化学鉴原续编》、《化学考质》等许多重要的书籍。由于他的声名很大，当时各省相继成立机器局，然后争相聘请他负责指导。1884年，徐寿逝世于上海格致书院。由于他在传播西方近代自然科学技术尤其是化学方面做出了很大的贡献，《清史稿·艺术传》中记载了他的名字和他的成就。

此外，徐寿的儿子徐建寅，也是一位科学家。他在翻译馆工作期间，曾与傅兰雅合作翻译了《声学》、《电学》、《化学分原》、《水师操练》等自然科学书籍。他还曾先后在天津制造局、山东机器局、福建船政局等处工作过。1878年曾任驻德国使馆参赞，归国后仍致力于军火的制造。1901年在火药的试制过程中不幸被炸死。除了有译述外，还著有《造船全书》、《兵法新书》等。

华蘅芳（1833～1902），江苏金匮（今无锡）人。清末著名数学家和科学文献翻译家。自幼喜好数学。14岁时得到一本明人编著的《算法统宗》，努力钻研自学。后来又跟父亲和名师学习了《九章算术》和《数理精蕴》等名著。《九章算术》是中国古代算经十书中最重要的一种，大约在西汉时期就已经有了现传本，是世界古代数学名著之一，现已被译成世界多种文字。《数理精蕴》共53卷，是清康熙末年编纂的《律历渊源》的第二部分。主要内容讲述的是1685年以后传入中国的西方数学。华蘅芳就是这样在青年时期打下了坚实的数学基础。1865年，他与徐寿一起进入江南制造局，从事翻译工作。在翻译西方数学书籍的过程中，他又吸收了西方数学的许多新知识。晚年，曾先后在天津制造局、武备学堂、武昌两湖书院、自强学堂等地任教。他的主要译述有：《防海新论》18卷、《代数术》20卷、《代数难题解法》16卷、《微积溯源》8卷、《三角数理》12卷、《算式解法》14卷、《地学浅释》38卷、《金石识别》12卷、《决疑数学》19卷等约十几种。他翻译的书籍题材非常广泛，但最突出的贡献还是在数学方面，尤其是对于微积分的翻译介绍。微积分在近代数学中尚属于新知识。他译介的《决疑数学》是向中国人传播概率论知识的第一本有关书籍。除译述了大量的外文书籍之外，他还撰写了近20种数学专著，如《开方别术》、《数根术解》、《抛物线说》等。

李善兰（1811~1882），字壬叔，号秋纫，浙江海宁人。清末著名大数学家。少年时便通晓《九章算术》、《几何原本》。1852年，在上海结识了英国人伟烈亚力等。从那一年的六月开始，用了4年的时间，同伟烈亚力译了《几何原本》的后9卷。1867年2月由松江韩应陛捐资刊印。《几何原本》的前6卷是明末清初中国著名科学家徐光启与外国传教士利玛窦于1607年共同译成的。过了近250年，《几何原本》才得以全部完成。利玛窦和徐光启共同译述所依据的本子是利玛窦在罗马神学院学习时的讲义。而李善兰与伟烈亚力合译的后9卷，据认为是英国人柏格先从希腊文译成拉丁文，又于1660年转译成英文的。完成

《几何原本》之后，李善兰又与伟烈亚力合译了《代数学》13 卷，《代微积拾级》18 卷，《谈天》18 卷；此外，他还和艾约瑟合译了《重学》20 卷，《圆锥曲线说》3 卷。由于李善兰有着深厚的中算根底，同时潜心研究西方近代数学，因而成为当时的著名数学家。除了翻译有大量的西方科技书籍之外，他还著有许多数学著作。如《则古昔斋算学》、《方圆阐幽》、《考数根四法》、《数理格致》和《同文馆珠算金针》等。1868 年，经巡抚郭嵩焘推荐，到同文馆担任数学总教习。

赵元益（1840～1902），字静涵，江苏新阳（今昆山）人，喜好学问，尤好藏书。1888 年中举人。青年时期，因亲戚关系，他就已经读过许多的医书，并以通晓医术而闻名。1869 年，他应聘入江南制造局翻译馆参加译述工作。1888 年随薛福成出使英、法、意、比四国。在英国伦敦住了 3 年之久。在这段时间里，他对于西方的科学技术有了更进一步的了解。回国后放弃做官，回到制造局翻译馆继续译书工作。1897 年，与董康共同筹集巨资，在上海创设译书公会，准备组织众多的翻译家，翻译出版天文、电气、农学、光化等各类科学书籍。译书公会还创办了《译书公会报》周刊。但由于译书公会是一个私人集资经营的译书出版机构，终因资金所限，计划中的多数书籍没有译成。该会当年翻译的英文书籍有：《交涉纪事本末》、《中日构兵记》、《拿破仑失国记》、《威灵吞大事记》、《英岁政比较》、《五洲舆地图考》、《西事纪原》等；法文书籍有：《五洲通志》、《东游随笔》。赵元益博学多识，对西方近代科学各科知识都有较深的了解，因此，他参与译述的书籍很多，其中以医学类书籍为其显著成就。他翻译的书籍据统计主要有：《行军测绘》10卷、《水师保身法》、《儒门医学》3卷、《法律医学》20卷、《内科理法》20卷、《西药大成》10卷、《数学理》9卷、《光学》2卷、《冶金录》3卷、《医学总说》6本、《眼科书》6本等，堪称清末医药学文献翻译家。

李凤苞（1834～1887），字丹崖，江苏崇明（今属上海市）人。精通历学、测绘。1877年任监督道员，带领福州船政学堂28名优秀学生赴英法深造。1878年，出使德国，后又曾兼任驻奥、意、荷三国大使。1879年，任执事，曾奉李鸿章之命，率人往欧洲各国，考察各类工厂和商议订购铁甲军舰。在德国订购军舰时，因受贿60万两白银，1884年被革职。李凤苞曾参与江南制造局翻译馆的译书工作。由于他熟悉西方兵工和军事技术，因此，他参与翻译和校润较多的是军事和兵工类书籍。如《营垒图说》、《攻守炮法》、《兵船炮法》、《炮准心法》和《航海要术》等。

 3 外国人在中国的翻译出版机构

1840年鸦片战争后，西方殖民主义者蜂拥入中国。他们通过教会和商业机构，在中国传播基督教和殖民主义思想。当时外国人办的翻译出版机构就是主要的传播工具之一。在他们的翻译出版机构中,最具代表性的有:广学会、益智书会和翻译了不少医学书籍的广州博济医院以及带有商业赢利性质的墨海书馆。

广学会 广学会于1887年由英美基督教(新教)传教士创立于上海。它是由1884年设立的"同文书会"改组而成的。广学会第一任董事长是当时控制了我国海关的英帝国主义分子赫德。其主要骨干人物有英国的李提摩太、慕维廉、艾约瑟,美国的林乐知、丁韪良、李佳白,德国的花之安等。这个机构实际上是由外国外交官、传教士和商人组成的一个文化侵略机构。其根本目的是传布基督教神学,宣扬殖民主义。

广学会除翻译出版宗教书籍和宣扬殖民主义的书籍外,也出版过一些科学类书籍。如《中西四大政考》、《五洲各大国志要》、《性海渊源》、《开矿富国说》、《泰西新史揽要》、《中东战纪本末》、《富国策》、《万国原始志》、《印度史揽要》、《日本国史》、《大英治理印度新政考》、《列国变通兴盛记》、《万国公报》等哲学、法律、政治、教育、天文、地理等多门类书籍。

广学会出版的译书中,《泰西新史揽要》和《中东战纪本末》两书较比畅销。《泰西新史揽要》为李提摩太和蔡尔康编译,原著书名为《十九世纪史》,1889年伦敦出版,著者是英国人麦垦西。该书的主要内容是欧美各国资本主义发展史。因此,维新派人士十分欢迎此书。

博济医院 博济医院创设于1859年,院长是美国的传教士、医生嘉约翰。广州博济医院同时也是教会的西书翻译出版机构。博济医院的出版物以医学书籍为主。中国的第一位留学博士黄宽从 1862 年起在博济医院工作。当嘉约翰编译医学书籍的时候，黄宽协助他确定了许多的译名。嘉约翰编译的西医、西药书籍和教材约有 30 余种。主要有：《西药略释》2 卷、《眼科撮要》、《割症全书》（又译作《外科手术手册》）、《炎症》、《皮肤新编》、《内科全书》、《实用化学》和与孔庆高合译的《西医内科全书》15 卷等。除了嘉约翰翻译的书籍之外，博济医院还翻译出版了尹端模译的《胎产举要》2 卷、《儿科撮要》等。

嘉约翰于 1868 年编辑出版了中文的《广州报》，1884 年改名为《西医新报》，1887 年又创办了《博医会报》中文版和英文版。嘉约翰在中国数十年，为许多中国人治疗过疾病，开办附属医院培养西医人才，编译医书教授学生，做了很多有意义的事情。

墨海书馆 1843 年，英国教会的传教士麦都思，在今上海山东路附近创设了墨海书馆。这是传教士在中国创办最早的翻译出版机构，因此，较有影响。墨海书馆虽然隶属于英国教会，却也翻译出版了一些科学书籍。麦都思懂中文，他本人译述的中文著作就达数十种。他还编纂了《汉英字典》和《英汉字典》。1849 年，麦都思邀请王韬到墨海书馆担任编校工作。王韬在书馆的主要工作是对传教士翻译的书籍进行文字上的处理。他也和伟烈亚力合作翻译过《重学浅说》和《西国天学源流》。

王韬（1828～1897），原名利宾，江苏长洲（今吴县）人。秀才出身。1849 年入墨海书馆工作，曾上书朝廷献策进攻太平军。1862 年化名"黄畹"上书太平军，建议攻占上海，因而为清廷所通缉。他遂逃往香港，改名韬。在香港时，协助英国人理雅谷将中国的经书翻译成西文。后又应理雅各的邀请到英国协助译书。1874 年在香港主编《循环日报》，积极评论时政，主张变法自强。1884 年，东游日本，写作《扶桑游记》，向国内介绍日本明治维新后的情况。晚年，在上海主持格致书院，继续从事翻译工作。他学贯中西，一生著作甚丰。他参与译述的著作主要有：《重学浅说》、《西法代数勾股明镜录》、《火器略说》和《法国志略》。

在墨海书馆内从事翻译工作的中国学者还有李善兰和张福僖。

墨海书馆译印的科学书籍重要的有：伟烈亚力、李善兰合译的《几何原本》后 9 卷、《重学》、《谈天》、《代数学》、《代微积拾级》；韦廉臣、艾约瑟和李善兰合译的《植物学》8 卷；艾约瑟和张福僖合译的《光论》；伟烈亚力和王韬合译的《西国天学源流》等。

二 西方哲学社会科学书刊的翻译

从 1840 年的鸦片战争开始，就有一些先进的中国人，历经千辛万苦，向西方国家寻求救国真理。中日甲午战争之后，国家的危难局势，使许多接触了西方资产阶级启蒙思想的知识分子，为了国家的强盛而要求变法。他们希望中国也像日本一样，来一个"维新"。他们认为，要救国，只有维新，只有学外国。那时的外国只有西方资产阶级国家是进步的。它们成功建设了资产阶级民主的现代国家。日本人向西方学习，成功地进行了明治维新。中国人也想向日本人学习。

 维新变法运动和康有为

1840 年的鸦片战争，使清朝封建统治阶级内部的一些人士模糊地意识到中国需要向西方学习些什么东西。他们首先看到的是西方先进的科学技术，于是认为是先进的科学技术使西方人造出了坚船利炮，西方人又是倚仗着那些船炮欺侮中国人的。因此，中国人要想不受欺侮，就要向西方学习科学技术，自己也造出枪炮来，以对抗西方列强。另一方面，由于太平天国农民起义军的日益强盛，对清政府形成了严重的威胁，使封建统治者感到极端的惶恐。在这种情形下，清廷内部产生了洋务派。洋务派企图通过洋务运动使自己一方面能够对抗西方帝国主义列强的侵略，一方面能够对付可怕的太平天国农民运动，使自己的政权得到巩固。洋务派的洋务运动主要包括操练新军、建立军事工业、兴办民用企业。为了达到这一目的，洋务派创办了一些新式学堂和翻译机构，翻译出版了不少的西书。

由于洋务运动，中国就有了自己的兵工厂，有了新军，有了自己的铁甲舰队。然而在1894年爆发的中日战争中，已经有了西洋式舰队和枪炮的中国人，却又败给了东洋人。中国人为什么总是打败仗呢？中国难道只能任人宰割吗？为什么西洋的枪炮到了中国人的手里就不灵了？有识之士在求索。他们看到日本的变化，想到了日本的明治维新。明治维新是日本近代史上划时代的资产阶级改革运动。因时值明治天皇在位故名。求索的人们看到日本人在明治维新之后，政治体制得到了改良，国力有了极大的增强，因此，认为要想救亡图存，就要像日本一样，来一个彻底的维新，改封建专制政体为共和政体，才能从根本上救中国。人们称这些求索的有识之士为维新志士。维新派的领袖人物是康有为。

1895年清政府在中日甲午战争中惨败，被迫派李鸿章赴日本签订"马关条约"。消息传出，这时正在北京参加会试的各省举人个个义愤填膺，在康有为的号召下联名上书，提出"拒和、迁都、变法"的要求。这就是震撼当时朝野的有名的"公车上书"。它标志着维新运动的开始。资产阶级改良派就此登上了中国的历史舞台。一时间，他们纷纷上书光绪皇帝，要求变法维新。

在维新派人士的上书中，有许多内容就是奏请开馆译书和设立翻译学堂的。当时，维新派人士普遍认为，以中国之大，仅有洋务派的京师同文馆和上海、广东方言馆等几个新式学堂，是不可能在教育和科技上赶上西方国家的。日本之所以强大了起来，就是因为他们在明治维新后，重视教育，兴办西式学堂，并且大量翻译西书，使得日本无论在经济、文化和政治上都有很大的进步。光绪皇帝在他的老师翁同龢的影响下，积极支持这些人的主张。由于有了光绪皇帝的支持，维新派人士开始了为时很短的设立译书机构和译书的活动。1898 年（戊戌年）6 月至 9 月，维新派在光绪皇帝的支持下，进行资产阶级的政治改良运动，除旧法，布新政。9 月21 日，慈禧太后发动政变，光绪皇帝被幽禁，谭嗣同等 6 人被杀害，康有为、梁启超逃亡日本，变法失败。这场维新运动，从 1895 年 8 月康有为在北京发起组织维新派的政治团体强学会起，到 1898 年 9 月 21 日止，前后大约持续了 3 年，最后以戊戌政变而告终。

维新派的报馆、翻译机构和梁启超

维新派鼓吹变法自强，是通过大量译介西方的近代社会科学著作，介绍资产阶级民主思想为其造舆论的。这时的翻译介绍西学已经不同于甲午战争前。1895 年前，我国翻译介绍的西学主要是西方近代自然科学。而维新派在思索甲午战争惨败的原因之后认为，中国之所以战败的根本原因并不在于船不坚炮不利，而是由于政治体制的落后所造成的。因此，他们急于学习西方资产阶级的进步思想，以进行资产阶级的政治改良。

变法维新要有所本。西方资产阶级启蒙思想在当时代表先进思想。从甲午战争后的 1895 年到 1898 年 9 月 21 日发生政变时，译介西方资产阶级启蒙思想类书籍之风高涨。维新派的宣传西学，主要是通过各种各样的报刊。在当时，刊载翻译文稿、鼓吹变法的报馆多达几十家。如在上海就有：1896 年梁启超创办的《时务报》；1897 年陈衍、曾仰东等主办的旬刊《求是报》，该刊主要译载各使馆档案和国外各学科著作；1897 年创刊、张炳麟和杨模主笔的周刊《译书公会报》，该刊由译书公会主办，以译介欧洲各国政法方面的书籍为主，但不久即停刊；1895 年创刊的《强学报》，该报是上海维新机构强学会的机关报。在北京的有：1895 年创刊的《中外纪闻》，由北京强学会出版，康有为、梁启超等主笔，积极宣传西学，鼓吹变法，但不久被查封。在天津的有：《直报》、《国闻报》和《国闻汇报》。《国闻报》是日刊，《国闻汇报》是十日刊，都是严复 1897 年创办的。梁启超的《时务报》和严复的《国闻报》南北呼应，成为当时鼓吹变法维新的旗帜。《国闻报》的创刊人和主编除严复外，还有当时任天津北洋学堂总办的王修植以及夏曾佑等。在长沙的有：《湘报》、《湘学新报》，由谭嗣同、唐才常等组织的"南学会"出版，使湖南成为当时十分有朝气的省份。

强学会是维新派第一个政治团体。1895 年，在康有为、梁启超的奔走和推动下，由翰林院侍读学士文廷式出面倡设强学会，推举具有维新倾向的户部主事陈炽为会长，梁启超为书记员，会员有江标、袁世凯、黄遵宪、陈宝琛等。强学会每三天举行一次例会，讲求自强之路。强学会成立之后，康有为创办了《中外纪闻》，由康有为、梁启超等撰稿，报道中外政治新闻。最初名为《万国公报》，为两日刊，免费随《京报》分送在京的官员。目的在于宣传西学，鼓吹变法。但北京强学会的活动大约只持续了 4 个月的时间，便被禁止。《中外纪闻》也相继被查封。后经翁同龢活动，改设为官书局，每月经费一千两白银，专门从事西书的译述。

在北京强学会被封禁之前，康有为到了南京，在张之洞的支持下，十月在上海成立了上海强学会。上海强学会随之创办了《强学报》。但后来由于张之洞的反对和禁止报纸的发行,《强学报》很快就停刊了。当北京强学会被封禁时,上海强学会也随即瓦解了。

《中外纪闻》和《强学报》停刊后,1896 年的 8 月,维新派在上海创办了《时务报》;同年冬,在澳门创办了《知新报》;1897 年夏,在长沙创办了《湘报》;十月在天津创办了《国闻报》。这些报纸,成为维新派的舆论喉舌。他们大声疾呼国家已处于危亡之中,要求在政治上有一个彻底的革新。这些报纸常常译介一些西方资产阶级的启蒙思想,宣传进化论、天赋人权论和唯物论。

《时务报》是维新派最主要的报刊之一。自从 1896 年创刊,到 1898 年共出了 96 期,由时务报馆出版,为旬刊。其主要内容为译自英、法、俄、日等国报纸上的重要新闻。《时务报》主编是梁启超。他是维新派最主要的宣传鼓动家。

梁启超(1873~1929),字卓如,广东新会人。出生于地主家庭,祖父梁维清是管理县文教事务的八品官,父亲梁宝瑛只是个读书人,终生未得功名。母亲粗知诗书。梁启超自幼聪明过人,11 岁中秀才。中了秀才也叫"进学"。在清朝科举制度下,"进学"后就有了进入官立学堂学习的机会。因此,梁启超进入广州著名的学海堂学习,4 年的学堂学习,使他打下了深厚的中国传统文化知识的基础。1889 年,梁启超 16 岁时考中举人。1890 年,经同学介绍,认识了康有为,成了康有为的弟子。这是他从事改良事业的开始。1890 年至 1894 年,他在康有为开设的万木草堂学习,从而接受了康有为的改良主义思想体系。梁启超在北京应试时，住在广东会馆，经常与麦孟华、江孝通、夏曾佑等在一起读书、学习。这些年轻的维新志士在一起研究学问，对于维新思想的形成起了很大的作用。梁启超的翻译活动就是从他宣传维新变法时开始的。

1895 年，他在北京参加会试时曾协助康有为创办《中外纪闻》。同年 12 月，清政府勒令该刊停刊。于是梁启超于 1896 年在上海与黄遵宪、汪康年一起创办了《时务报》，由上海强学会出版，梁启超任主笔。他在报上发表了许多慷慨激昂的文字，宣传变法维新。《时务报》一问世，立即风靡海内。

1896 年主编《时务报》时，梁启超年仅二十三四岁。《时务报》的发行量达到万余份，在社会上引起空前的影响。每期 3 万字，其中约有 2 万字的内容译自外国报刊，包括各国法律、条约、公法、条例、章程等内容。张炳麟、麦孟华、徐进等是梁启超的得力助手。

上海强学会创办的时务报馆在当时也翻译出版了一些西书。如《日本教育制度》1 卷，古城贞吉译；《伦敦铁路公司章程》1 卷，邓廷铿译；《商办铁路条例》1 卷，黄致尧译；《法国印花税章程》1 卷，黄致尧译等。

1896 年，梁启超曾编撰了《西学书目表》和《读西学书法》，由时务报馆出版。他在这两本书中介绍了当时已经翻译出版和翻译了但尚未出版的西方近代科学书籍，目的在于宣传这些书籍中的思想和鼓吹变法维新。1897 年，梁启超又在上海集资设立了大同译书局。该译书局的目的很清楚，就是要翻译各国"变法"的有关书籍，翻译有关各类办事章程、商务之类的书籍，以便在变法的时候可以作为参考。

梁启超等人认为，为变法，译介西方社会科学名著，从日文间接翻译是一条捷径。清政府从 1896 年开始向日本派遣留学生，因此，当时中国有大量的留日学生。日本在明治年间，为了维新的需要曾翻译了大量的资产阶级思想启蒙著作。许多曾经留学日本的知识分子，在这样的情形下，开始积极地通过日文译介西方的思想。这就是为什么那一时期翻译的西方名著多转译自日文的原因。

1898 年发生的"百日维新"不久就以"戊戌政变"的失败而告终。康有为、梁启超不得不亡命日本。梁启超 9 月逃到日本后，于 11 月在横滨创办了《清议报》，自己任主笔。他这时提出"政治小说"的概念，并且明确表明"政治小说"栏目是《清议报》的重要内容。他还发表文章，阐述翻译小说的重要意义，认为政治小说可以起到启发民智、鼓舞民众爱国热情的作用。他始终只是一个改良主义者。当孙中山在日本力劝他拥护革命时，他没有觉悟。他在 1920 年从欧洲游历归来后，写了《欧游心影录》。之后，他又担任了清华大学研究院、南开大学等学院的教授职位。他在生命的最后十年里，做了大量的学术研究工作，研究领域涉及哲学、史学、文学、政治、宗教。梁启超在中国政治史、学术史上占有重要的位置。在政治上他是一个改良主义者，作为学者，他在学术和教育上都有很高的成就和贡献。

 ## 严复和西方资产阶级启蒙思想的传播

在维新派人士中，翻译介绍西方近代社会科学名著，传播西方资产阶级启蒙思想最有影响、成绩最显著的是严复。

严复（1854～1921），字几道；曾改名宗光，字又陵，福建侯官（今闽侯县）人。其祖父、父亲都是医生。严复自幼受过良好的教育，熟读《四书》、《五经》。1867 年，严复的父亲病故，家境日渐贫穷。严复只得报考不收学费的官办福州船政学堂。学习期间，严复除了读传统的封建典籍外，还学习了英文、算术、几何、代数、解析几何、平面三角、化学、光学、热学、地质学、天文学、航海术等西方近代科学知识，并成为该学堂第一批优秀毕业生。1871 年毕业后，严复曾在建威、扬武等军舰上实习，并随舰队到过日本、新加坡等地。1877 年又作为清政府派出的第二批留学生到英国海军学校学习驾驶。在英国待了两年，读完高等数学、物理、海军战术、海战、公法和枪炮营垒等课程。1879 年 6 月，严复毕业回国，先在福州船政学堂任教。1880 年，被当时的北洋大臣李鸿章调到天津北洋水师学堂任总教习。在这期间，他不停地撰写文章，翻译书籍，积极宣传西方的新思想新知识。除此之外，还曾主持创办俄文馆，兼任总办，培养俄文翻译人才，也曾帮助张元济在北京创办通艺学堂，培养西学人才。变法维新运动中，严复积极参与。继梁启超在上海创办《时务报》之后，严复与夏曾佑等人在天津创办了《国闻报》。戊戌变法失败后，他创办的《国闻报》被查封，他支持的通艺学堂被迫停办，志同道合的维新人士有的被杀，有的流亡海外，严复的心情十分沉闷。1900 年，严复离开了天津水师学堂。此后一直到 1910 年，严复的主要精力都在译介西方的资产阶级启蒙学者的著作上。辛亥革命后，严复曾担任过京师大学堂的校长，但不到一年就辞职了。1913 年，他担任过总统府外交顾问。1914 年，任约法会议议员。1915 年袁世凯筹谋称帝时，严复为"筹安会"的发起人之一。严复到了晚年，思想趋于保守，公开反对中国实行共和政体，主张恢复帝制。对于五四新文化运动，他也持反对态度，主张尊孔读经。1921 年，严复病逝于家中，终年 68 岁。总的说来，严复是中国近代史上一位学贯中西的学者。他在哲学、政治学、经济学、法学诸领域中的建树为他赢得了声誉，而他在中国近代翻译史上所起的重要作用更是有口皆碑。

严复先后目睹了中日甲午战争、戊戌维新的失败和庚子外乱，民族危机和自强保种的爱国激情，使他产生一种强烈的拯救国家民族于危亡的责任感。他思索着救亡图存的道路。他意识到，要救国就要维新，要维新，就得向西方学习，不但要学习科学技术，更要学习西方的学术文化和政治制度。他首先选择了翻译介绍西方的社会科学著作。他深感洋务派只注重制造坚船利炮、训练新军是远远不够的。重要的不只是学习西方的科学技术，模仿他们制造坚船利炮，更重要的是要向西方的新思想学习，改良中国的政治。他认为西方资产阶级的那些富于进取精神的思想、平等的共和体制，远比封建的专制体制要先进得多。因此，他认为应首先译介那些曾经在西方资产阶级革命中发生过重大影响的、有代表性的社会科学名著。

严复首先翻译介绍的是《天演论》。它的出版在中国近代史上起到了振聋发聩的巨大作用。所谓"天演论"就是现在人们说的"进化论"。《天演论》译自英国自然科学家赫胥黎的名著《进化论与伦理学》的一部分，原著出版于1894年。1897年12月，严复首先在自己主编的旬刊《国闻汇编》第二期上刊登了译文《天演论序》。1898年4月，《天演论》木刻版刊行。书前有吴汝纶序、自序和译例言。1905年商务印书馆出版铅印本。

早在19世纪70年代，达尔文的名字和西方自然进化论的观点就已经被介绍到中国来了。但是在严复之前，对于达尔文的学说的翻译介绍是零星和不全面的。中日甲午战争之后，中国面临着亡国灭种的民族危难。就在这时，严复开始译述英国赫胥黎1894年刚刚发表的名著《进化论与伦理学》。严复在序言中发出的"物竞天择、适者生存"、"优胜劣败、弱肉强食"的呼声，对于一切爱国者，对于维新派，是救亡图存、自强保种的警钟。它唤起人们对亡国危险的警觉，推动人们为挽救民族危亡发奋图强。

《天演论》之后，严复又连续译出了另外 7 部重要的名著：

《群己权界说》，英国人约翰·斯图尔特·穆勒著，原书 1859 年出版，书名意为"论自由"。严复的译本，1903 年由商务印书馆出版。

《穆勒名学》，英国著名哲学、经济学、逻辑学家约翰·斯图尔特·穆勒著，原著出版于 1843 年。严复约翻译了该书的一半。1905 年出版木刻本。"名学"是逻辑学的旧时的译法。

《群学肄言》是英国哲学家、社会学家斯宾塞所著。原书出版于 1873 年，书名意为"社会学"。该书的第一、第二章曾于 1898 年刊登在《国闻报》上，当时因故未译完。后来于 1902 年译完，译本出版于 1903年。

《原富》为英国著名经济学家亚当·斯密所著，原书出版于 1776 年，是世界上第一部完整的、重要的政治经济学著作。严复的译文于 1901 年至 1902 年先由上海南洋公学译书院刊印，后于 1903 年由商务印书馆重版。

《法意》为法国政治哲学家孟德斯鸠所著，原书出版于 1748 年，书名意为"论法的精神"，严复的译本于 1904 年由商务印书馆刊印。

《社会通诠》为英国人 E. 詹克斯所著，原书 1900年出版，严复的译本 1904 年由商务印书馆印行。

《名学浅说》为英国逻辑学家、经济学家杰文斯所

著，原书出版于 1870 年，是一本逻辑学名著，严复的
译本 1909 年由商务印书馆出版。

上述的这些都是西方资产阶级的哲学、政治学、
社会学等方面的名著。这些著作宣扬的是"天赋人
权"、"自由、平等、博爱"的思想。严复翻译的这些
著作在当时的中国思想界起到了振聋发聩的启蒙作用。

严复的这 8 部重要译著中，《天演论》介绍的是达
尔文的进化论，《原富》介绍的是亚当·斯密的古典经
济学，《穆勒名学》介绍的是穆勒的逻辑学，《法意》
介绍的是孟德斯鸠的政治理论。这些西方近代科学名
著的翻译介绍，开创了中国自己的近代社会科学。

除此之外，严复还翻译了《中国教育议》、《支那
教案》等。严复并不只是简单地将书翻译出版就算完
成了工作，他还在每本翻译过来的书中加进许多相关
的内容。如严复在《天演论》的案语中，提要地译介
了达尔文的《物种起源》、斯宾塞的《综合哲学》、马
尔萨斯的《人口论》；在《原富》一书中，提要地译
介了《斯密亚丹传》（即亚当·斯密传）；在《法意》
一书中，同时译介了《孟德斯鸠传》。这样可以使读者
在阅读时，对原著作者有全面的了解，对书中的思想
有深刻的理解。

严复是以救亡图存的社会责任感在精心地选择西
方的书籍并翻译介绍给民众的。他想通过这些西方的
启蒙著作，使中国像日本一样走上维新的道路，改良
中国的政治，使国家强盛起来。因此，他翻译的多是
社会科学著作，偶尔也翻译文学作品。他一生的主要

译著大多收集在《严译名著丛刊》和《侯官严氏丛刊》中。

严复在翻译史上占有重要地位还在于他是第一个完整明确表达翻译标准的人。他认为翻译必须达到"信、达、雅"这三个字。至今，翻译界人士仍以这三个字作为翻译的标准。

严复是中国近代史上学贯中西的一位了不起的学者。他出于爱国救国之心，博览西书，精心挑选能启发民智、对变法维新有用的书，然后译介出来以能广泛传播。他翻译的书，有的写于 18 世纪，有的写于 19 世纪，有的 1900 年原文刚刚问世，仅仅过了 4 年，严复的译本就出版了。这说明，严复对西方的学术著作有着广泛的了解和深刻的研究。

 4　上海商务印书馆及其编译所

除了维新派的报馆出版鼓吹变法维新的各类报刊外，维新派还有其他的翻译出版机构出版翻译书籍。如成立于 1898 年的广智书局就是维新派的一个重要翻译出版机构。戊戌维新失败后，该书局仍翻译出版了许多西书。如 1901 年出版了冯自由译、张炳麟校《国家编》（《政治学》上集），《宪法编》（《政治学》中集）；麦孟华译、日本人松平康国著的《英国宪法史》；美国人威尔逊著、罗伯雅译的《历史哲学》；日本人松平康国著、梁启超译、梁启超案语的《世界近代史》；1902 年出版了日本人幸德秋水著、赵必振译的《二十世纪之怪物帝国主义》；日本人柳井纲斋著、秦嗣宗译《希腊独立史》；1903 年翻译出版了村井知至著、罗大维译《帝国主义》；恃地六三郎著、赵必振译《东亚将来大势论》等。

除了维新派创办的各类报馆、翻译机构之外，清末还相继出现了许多其他的科学书籍翻译出版机构，其中尤以上海商务印书馆的影响最为显著。

上海商务印书馆是中国近代历史最悠久的一个出版社，1897 年由夏瑞芳、鲍咸恩、鲍咸昌、高凤池等集资在上海创建。最初，是以印刷商用簿册表报为主。后来以印刷教科书、古籍、科学、文艺、工具书和期刊为主。1902 年，商务印书馆内又增设了编译所，由南洋公学张元济为编译所所长。商务印书馆编译所成立的时候，清廷官方两个最主要的翻译机构——江南制造局翻译馆和京师同文馆都已经发生了很大的变化。江南制造局翻译馆这时随着洋务运动的失败已从鼎盛阶段滑了下来，而京师同文馆也于 1902 年并入京师大学堂，成为中国近代最早的大学。京师大学堂附设的翻译馆也已经不是译介西方科学书籍的主要力量了。1902 年，清廷管学大臣张百熙上书奏请颁布学堂章程。章程规定，小学堂、中学堂都要设立算术、代数、平面几何、立体几何、三角、植物、动物、矿物、物理、化学等自然科学课程。当时的中国，已经有了很多的学堂和学生。1905 年，全国学生人数已经达到 25 万多人。学生的大量增加就需要大量的教科书。商务印书馆编译所这时发挥了很大的作用。从 1902 年起，商务印书馆编译出版的部分主要书籍有：《植物学》、《矿物学》、《动物学》、《地质学》、《几何学》、《生物学》、《物理学》、《万国史纲》、《微积分》、《近代算术》、《代数学》、《英文益智读本》、《初学英文规范》、《代数学新教科书》、《中等平面三角》、《新闻学》和历史、地理、教育、伦理、博物等编译的教科书。

除了最著名的商务印书馆之外，当时还有许多的翻译出版会社如雨后春笋般地创立。它们在译介西方科学书籍方面都做出了贡献。较重要的有：译书公会、格致书室、农学会、南洋公学译书院等。此外，其他的翻译出版科学书籍的机构还有：上海文明书局、东亚译书会、日本留学生会馆、科学书局、湖北官书局、科学编译部、湖北译书社、上海开明书局、译书交通公会、美华书馆、江楚编译局、科学仪器馆、中国图书公司等几十家。

留日学生译介西方资产阶级
民主革命思想

1901 年，清廷开始废科举，办学堂，大量派遣留学生，这样就逐渐地形成了一个不同于封建文人的新的知识分子群。在这个群体中，留学生，尤其是留学日本的一大批人，在翻译介绍西方资产阶级思想方面很是活跃。1896 年，中国派出了第一批留学日本的学生，当时才有 13 人。但到了 1903 年，竟已达到 1300 多人。1906 年超过了 1 万人。这些留学日本的青年学生，以真诚的救国之心寻求真理。日本在明治维新的过程中，因为资产阶级民主革命的需要，翻译了大量的西方资产阶级革命的书籍。这些介绍当时西方相对先进的科学文化的日文书籍深深地吸引了留日学生。他们纷纷组织社团，创办报刊，译著书籍，宣传民主和科学，鼓吹革命。

1900 年，留日学生 100 多人在日本东京建立了第一个爱国团体励志会。部分会员创刊了《开知录》和《译书汇编》。这是中国留学生办起来的最早的具有革命倾向的刊物。

《开知录》1899 年创刊于日本横滨，半月刊，郑贯公为主编。先后译刊了卢梭的《民约论》、大井宪太郎的《自由原论》、中川笃介的《民权真义》和《法国革命史》等，宣传资产阶级的自由平等和天赋人权的启蒙思想。

《译书汇编》1900 年创刊于东京，为月刊。先以翻译刊登欧美和日本资产阶级的政治经济法律等方面的著作为主，第二年第 9 期起，改为以著述为主，编译为辅。1903 年第 1 期改名为《政治学报》。《译书汇编》曾先后译介了孟德斯鸠的《万法精意》、约翰·穆勒的《自由原论》、斯宾塞的《代议政体》等名著。

此后，办报鼓吹革命的还有以秦力山为主创刊的《国民报》月刊，这是当时最早提倡推翻清廷的刊物。这个刊物曾刊登过《美国独立宣言》、《革命新论》、《孟德斯鸠学说》、《亚力斯度多政论》等译文。后来因为资金问题，只出了 4 期就停刊了。

1902 年，杨守仁、黄兴等在日本东京创办了《游学译编》，鼓吹推翻封建统治，宣传民主思想。这个刊物以译介为主，刊登的重要译文有《十九世纪学术史》、《政治学说》、《南阿独立英雄古鲁家传》等。

1903 年前后，是留日学生翻译西方名著之风极盛之时。在日本的留学生主要集中在东京，在国内主要是上海。上海因此成为出版新书报最多的地方。当时在上海就有作新社、镜今书局、国学社、东大陆图书局等出版机构。就连广智书局、商务印书馆、大同书局等也跟着出版新书。从 1901 年到 1911 年辛亥革命前的 10 来年的时间里，报刊或书社的名字中带有"译"字的就有 20 多种。除了民办的之外，还有新设立的官办的编译机构，如南洋公学附设的译书院、江楚编译局、学部设立的编译图书局、山东大学堂的译书院以及各省设立的教科书编译机构。

辛亥革命前，以孙中山为代表的资产阶级民主主义者为了推翻封建专制的清朝政府，建立一个新国家，首先致力于舆论宣传工作，先后出版发行了大量的宣传资产阶级民主思想的书刊。其中有不少是翻译的书刊。

这些翻译的书刊，有介绍西方社会政治学说的书籍，如杨廷栋翻译的《路索民约论》（路索即卢梭）；1903 年译书汇编社出版的马君武翻译的《弥勒约翰自由原理》、少年新中国出版的《斯宾塞女权篇达尔文物竞篇合刻》；1903 年支那翻译会社出版的小鸂女士译的《政治思想之源》；罗伯雅译的《共和政体论》等。有

介绍爱国志士复国斗争的故事，如 1899 年罗普翻译的
《佳人奇遇》。有介绍欧美各国资产阶级革命史的，如
作新社 1903 年出版的《美国独立战史》；青年会 1903
年编译出版的日本兴田竹松著《法兰西革命史》；1911
年商务印书馆出版的《葡萄牙革命史》等。有控诉帝
国主义侵略和奴役别国人民的各类书籍，如开明书局
出版的《印度灭亡战史》；蒋蛰龙翻译的《波兰衰亡
史》；日本佐藤弘著、广智书局出版的《俄蚕食亚洲史
略》等。此外，还有 1903 年国学社出版的日本宫崎寅
藏著、金一翻译的《三十三年落花梦》。这是作者的一
部自传。记录了宫崎寅藏于辛亥革命前在中国参加革
命活动的经历，其中有孙中山早期参加革命活动的真
实描述。有日本民权社著、汉人魂翻译的《十九世纪
革命时代》；1902 年广智书局出版的《十九世纪末欧
洲文明进化论》等。

　　在这一时期，西方的无政府主义思潮开始在中国
传播。无论是维新派还是资产阶级革命派都译介过无
政府主义思潮的书籍。这其中，《天义报》为其最早的
刊物。

　　《天义报》1906 年创刊于日本东京。它本来是
"女子复权会"的机关刊物，但实际的创办人和主编是
刘师培。刘师培于 1907 年到达日本，与幸德秋水结
识，遂成为无政府主义者。他和张继一道发起和组织
"社会主义讲习会"，后改名为"齐民社"。他们所说
的"社会主义"，实际上只是无政府主义。《天义报》
成为其机关报。按照讲习会的宗旨，《天义报》的主要

精力在于传播西方无政府主义思潮。他们翻译出版的当时流行的无政府主义者的著作主要有：俄国克鲁泡特金的《面包掠夺》、《无政府主义之哲理同理想》、《无政府主义之基础及原理》等书中的部分章节。克鲁泡特金是俄国的无政府主义者，曾参加过巴枯宁所建立的无政府主义组织。除此之外，还翻译发表了蒲鲁东的《无政府主义大纲》；巴枯宁的《民主社会党纲领》以及节译的《巴枯宁学术要旨》；托尔斯泰的《致中国人书》、《俄国革命之旨趣》和《答日本报和新闻社书》；罗列的《总同盟罢工》；马拉特斯塔的《无政府共产主义工人回答》。这些著作使得西方的无政府主义思潮在中国得到了一定的传播。

　　几乎与《天义报》同时，1907 年 6 月 22 日，在法国巴黎，中国的另一个无政府主义者的刊物《新世纪》出版发行，其创办人是李石曾和吴稚晖。李石曾在法国留学期间，受 18 世纪法国启蒙思想的影响，推崇卢梭和伏尔泰，同时深受无政府主义思想的影响，研究过克鲁泡特金的思想。吴稚晖，清光绪辛卯举人。1904 年到法国求学，结识了法国工团主义者和俄国民主党人，1905 年在巴黎参加了同盟会。

　　《新世纪》译载的主要是著名无政府主义者的事迹和著作，如《新世纪丛书》第一辑第五册刊登了爱丽丝所著《无政府主义》一书中的一章《世界七个无政府主义家》，简要介绍了高得文、蒲鲁东、托尔斯泰、施蒂纳、巴枯宁、克鲁泡特金等人的简历、主要论点及著作。在这本书中还收入了其他无政府主义者的著作：真民译的巴诺夫著的《思想自由》、克鲁泡特金著的《秩序》、去非子著的《无政府共产主义》。此外，还翻译出版了克鲁泡特金的《互助》、《法律与强权》、《国家及其过去的任务》和《狱中逃狱》。《狱中逃狱》是克鲁泡特金的自传之一。

在这一时期，在译介西方哲学和社会科学方面值得提及的还有马君武。

马君武（1881～1940），原名道凝，字厚山，广西桂林人。近代诗人、教育家。因家庭贫困，靠了亲戚和朋友的资助才得以读书，学习经史子集。17岁时入广西桂林体用学堂学习，在各门学科中以英文与数学成绩最佳。当时他对于西方传教士发行的介绍格致科学和维新派宣传维新思想的报刊十分感兴趣，反复研读，这为他后来接受和译介西方哲学和社会科学打下了基础。1901年冬赴日本。在这段时间里，他一边继续研究西方哲学和社会科学，一边协助梁启超做《新民丛报》的编辑工作。这期间，他结识了孙中山，由推崇到追随，最终从维新派变成为革命派。于是脱离了《新民丛报》，全力协助孙中山联合各革命团体，并于1905年组成同盟会。马君武被推举为会章起草人之一。同盟会成立后，任广西主盟人。1906年到上海中国公学任教，担任同盟会上海分会会长。由于他大力鼓吹革命，受到清廷的监视，为躲避政府的追捕，1907年赴德国留学，在柏林工艺大学学习冶金。1911年辛亥革命时回国，曾任南京临时政府实业部次长。晚年长期从事科学与教育事业。

马君武是在中国最早传播达尔文主义的人之一。他曾写过《华族祖国歌》，宣传物竞天择的思想，号召中华民族奋起救亡。他翻译有《法兰西革命史》、达尔文的《天择篇》、《物竞篇》，斯宾塞的《女权篇》、卢梭的《民约论》等。1916 年在《新青年》上发表了他摘译的《赫克尔一元论哲学》，到 1920 年全书译完，由上海中华书局出版。

这个时期的翻译，有自己的特点。一是译著的内容以宣传资产阶级民主思想、鼓吹资产阶级革命、介绍资产阶级共和国建国方案等为主；二是译文的原文多是日文。这是因为翻译者中有很大一部分曾在日本留学，他们在以孙中山为代表的资产阶级民主革命的浪潮的推动下，纷纷寻找西方资产阶级革命成功的原因和动力，然后译介给中国的资产阶级革命者。

然而，1911 年的辛亥革命失败了。中国向何处去？这一问题尖锐地摆在每一个中国人的面前。革命的先锋们不得不继续求索，寻找救国真理。辛亥革命后，先前译介进化论、天赋人权论等西方近代资产阶级启蒙思想的热潮这时已经低落，在资产阶级革命又一次遭到失败之后，中国人开始了另外的求索。

 6 新文化运动中译介西方哲学的高潮

新文化运动是以《新青年》杂志的创刊为标志。这场运动高举科学与民主的旗帜，对救国图强的历程进行了总结和反思。高举新文化旗帜的知识分子们总结了过去输入西方文明的经验教训，认为对于中华民族最具有决定意义的，不是采取"中体西用"的原则，输入西方的科学技术，打造坚船利炮，也不是只停留在输入西方的政治制度的层面上，而是必须深入到文化和心理的层面上。他们认为，哲学是文化心理层的支撑，在新文化运动中必须大力传播西方哲学。

1919 年爆发了五四运动。五四以前的思想启蒙，主要以提倡科学与民主为中心，是资产阶级反对封建专制主义及其意识形态的思想解放运动；五四以后，在救亡运动的推动下，在西方哲学传播的过程中，马克思主义作为一种思想体系也得到了广泛的传播，它与中国革命实践相结合，是思想解放运动的进一步发展。然而，不论是西方资产阶级哲学的译介，还是马克思主义在中国的广泛传播，都是新文化运动的重要内容。

在把西方早期资产阶级革命时期的哲学著作译介给中国读者方面，关其桐是突出的一位。关其桐（1904～1973），笔名关文运，山东平定人。1931 年毕业于北京大学英语系。他所翻译的近代西方哲学家的代表著作主要有：1934 年出版的英国培根的《新工具》；1934 年出版的英国巴克莱的《巴克莱哲学对话三篇》；1935 年出版的《视觉新论》和 1936 年出版的《人类知识原理》；1936 年出版的英国休谟的《人类理解研究》；1935 年出版的法国笛卡儿的《方法论》、《哲学原理》和《沉思集》。这些译著全部由商务印书馆印行，都附有作者的传记和译者的序言，可以有助于读者的理解。

18世纪法国"百科全书派"的几位唯物主义哲学家的著作，这时也由杨伯恺作了译介。它们是1933年出版的爱尔维修的《精神论》；1934年出版的狄德罗的《哲学原理》；1933年出版的霍尔巴赫的《自然之体系》和1934年出版的孔狄亚克的《认识论起源》。这些书籍均由辛垦书店出版。此外，其他中国学者也翻译了17、18世纪西方近代哲学家的这些著作，使得同一原著有着几个不同的译本。

商务印书馆在出版译介西方哲学著作的过程中起到了不小的作用。30年代它出版了许多的译著。詹姆士、杜威、罗素、斯宾塞、赫胥黎、叔本华、尼采等的经典著作都在它的出版范围之内。

在20世纪的二三十年代，西方哲学在中国的传播可以说是全面的。从古代希腊到当时西方的一些主要哲学派别都得到了译介。但最主要的有：马克思主义哲学以及康德、尼采、杜威、罗素、杜里舒和柏格森等近现代西方哲学。

早在维新变法时期，梁启超和王国维便已经向中国人介绍了康德的思想。后来，章太炎和蔡元培也不断地在文章中引用，使中国人对康德有了初步的了解。新文化运动兴起后，康德哲学得到了全面而系统的传播。在当时传播的西方哲学的诸学派中，除了马克思主义哲学外，就要数康德哲学了。

1919年5月，《晨报》副刊先后发表了宗之櫆的《康德唯心论哲学大意》和《康德空间唯心论》。同年，北京大学学生、马克思学说研究会成员商章孙和罗章龙合译了《康德传》，由中华书局出版。原作者是德国哲学家卡尔·福尔伦德。1924 年是康德诞辰 200 周年，《学灯》和《晨报》副刊都开辟了康德专栏。1924 年的《学艺》和 1925 年的《民铎》杂志都以纪念康德诞辰的名义，用"康德专号"的形式发表了中国学者的论文，使康德哲学在中国的传播达到了高潮。在这前后，还相继有人翻译了外国学者的文章，如杜里舒的《康德与近代哲学潮流》、桑木严翼的《康德与现代哲学》以及杜威的《二百年后之康德》。

尼采哲学的输入也在中国引起了很大的反响。鲁迅、陈独秀、郭沫若等人都对尼采的思想进行了介绍。茅盾曾经在《解放与改造》上，连续发表他从英文翻译的《新偶像》和《市场之蝇》两篇文章。这是尼采《查拉图斯特拉如是说》中最富于批判性的两篇文章。1923 年，郭沫若根据德文翻译了《查拉图斯特拉如是说》第一部的全部和第二部的部分章节，在《创造周刊》上分期连载。

实用主义是现代西方哲学中的一个重要派别。1919 年 4 月，实用主义哲学家杜威应胡适、陶行知和当时北京大学校长蔡元培等人的邀请，来华讲学，前后在中国待了一年零三个月，走遍了中国的 11 个省，作了不下一百次演讲。当时的报刊及时地刊登了这些演讲记录。后来这些演讲经过整理，由北京大学新知书店出版，名为《杜威五大讲演》。这五大讲演的题目是：《社会哲学与政治哲学》、《教育哲学》、《思想之

二
西方哲学社会科学书刊的翻译

派别》、《现代的三个哲学家》、《伦理讲演纪略》。实用主义哲学就这样系统地被介绍给了中国人民。在杜威讲学期间，一些实用主义的主要著作也被翻译成中文。如詹姆士的《实用主义》、杜威的《哲学的改造》和《思维术》。就在杜威访华期间，爆发了对中国现代史有着极其重要意义的"问题"与"主义"之争。胡适极力宣扬杜威的改良主义，在《每周评论》第 31 号上提出了他的政治观点《多研究些问题，少谈些主义》，其实际意义在于反对马克思主义在中国的传播。李大钊和瞿秋白等人严厉批评这种观点。由此引发了"问题"与"主义"之争。继李大钊、胡适的论战之后，许多社团内部发生了类似的讨论，讨论的结果，是新文化社团的大分化。有些社团的大部分成员向左转，站在李大钊一边，有的社团，如新潮社，其大部分成员向右转。这次"问题"与"主义"之争，是马克思主义和非马克思主义在中国的第一次大论战。

继杜威来华讲学之后，英国著名哲学家罗素应讲学社和北京大学的联合邀请，于 1920 年 9 月到达上海。在他到来之前，中国知识界已经制造了热烈的气氛。《新青年》用两期的篇幅刊登了罗素的生平、学说，以及罗素著作的中文译文。罗素在中国待了 10 个月，在上海、南京、长沙和北京等地做了一系列的讲演。其中主要有：数理逻辑、哲学问题、物的分析、心的分析、社会构造论。这些讲演的内容，于 1921 年 11 月由北京大学新知书店成书出版。在这段时间里，罗素被翻译成中文的其他论著主要有：刊登在 1920 年的《东方杂志》第 17 卷第 18 号上的愈之译的《社会主义与自由主义》；刊登在 1921 年第 1 期《哲学》上的莘田译的《宗教的要素及其价值》；刊登在 1922 年《新潮》第 3 卷第 2 号上的何思源译的《布尔什维克主义》；1920 年新青年出版社出版的雁冰等译的《到自由之路》；1921 年商务印书馆出版的王星拱译的《哲学中的科学方法》；1922 年商务印书馆出版的傅中孙等译的《算理哲学》；1926 年商务印书馆出版的何道生译的《我的信仰》；刊登在 1920 年《改造》第 3 卷第 2 号上的程铸新译的《政治理想》摘要；刊登在 1920 年《改造》第 3 卷第 2 号上的刘麟生译的《1920 年俄国苏维埃政权》等。

柏格森哲学比较早地被介绍到中国，1914 年就已经有人介绍他的学说。特别值得提及的是张东荪翻译的柏格森的《创化论》、《物质与记忆》，以及杨正宇翻译的《形而上学序论》。此外，1922 年《民铎》出版了"柏格森号"，许多中国学者在专号上发表了文章。此后的一段时间里，中国学者仍保持着对柏格森哲学研究的兴趣。柏格森的一些重要著作以及国外学者研究柏格森哲学的成果得到了翻译和出版。如胡国铨译的《心力》、潘梓年译的《时间与意志自由》等。

1927 年，由于蒋介石的背叛革命，1924 年建立的国共两党的统一战线宣告破裂。此后的数十年间，中国始终处在历史转变的过程中，思想文化战线上表现出相应的发展变化。西方哲学，尤其是马克思主义哲学更广泛地在中国得到了传播。1930 年中国社会科学家联盟成立，1935 年中国哲学会成立。中国传播西方哲学与社会科学的工作走上了有领导、有组织和有计划的道路。如中国哲学会成立后，建立了西洋哲学名著编辑委员会，学会定期出版会刊《哲学评论》，并定期举行年会。

这一时期西方哲学的传播，表现出前所未有的深度和广度。中国学者一边自己撰文全面介绍西方哲学，一边翻译外国学者撰写的欧洲哲学史。当时翻译的外国学者所著的西方哲学史就有十几种，如徐炳昶译的韦柏著《欧洲哲学史》，1927 年由北京报社出版；詹文浒译的美国杜兰著《哲学的故事》，1929 年由青年协会出版；傅子东译的美国马尔文著的《欧洲哲学史》，1930 年由神州国光社出版等。

这时候的译介内容也前所未有地广泛，除了马克思、恩格斯和列宁的著作被有目的地大量译介之外，西方哲学史上著名哲学家的经典著作也相继被译介给读者。如从古代希腊的柏拉图、亚里士多德到近代的培根、笛卡儿，到斯宾诺莎、洛克、巴克莱、休谟、莱布尼茨、狄德罗、拉梅特利、爱尔维修，以及德国古典哲学家康德、费希特、黑格尔和费尔巴哈等等。

对于古代希腊哲学的翻译，突出的有杨伯恺。杨伯恺根据法国梭罗文的法文本翻译了《赫拉克利特哲学思想集》、《德谟克利特哲学道德集》和《学说与格言》，1933 年和 1934 年由辛垦书店出版。

柏拉图著作的翻译有：1924 年商务印书馆出版的

吴献书根据《牛津柏拉图古典原著》翻译的《理想国》，这是在中国问世的第一部柏拉图著作。1933年商务印书馆出版了张师竹根据英文本翻译的《柏拉图对话六种》，该书是作为尚志学会丛书出版的。1934年，南京国立编译馆出版了清华大学吴宓校对、中央大学郭斌苏和景昌极翻译的《柏拉图五大对话》。

有关亚里士多德著作的翻译有：1920年出版了刘衡如翻译的英国人塔聂尔的《亚里士多德》，汤用彤翻译的英国人 Wallace 的《亚里士多德哲学大纲》。1929年詹文浒根据美国学者杜兰的《哲学的故事》中的第二编译成《亚里士多德》，1933年出版了向达和夏崇璞共同翻译的《亚里士多德伦理学》，这是由吴宓推荐翻译的，同时吴宓还推荐了《政治学》，该书1934年由吴颂皋和吴旭初翻译出版。

由于五四以后马克思主义哲学的广泛传播，人们为了加深对马克思主义哲学的理解和把握，开始对其理论来源进行研究。因此，形成了对德国古典哲学的翻译和研究热潮。当时翻译出版的这方面的译著很多，不但有德国古典哲学家的经典著作，而且有国外学者研究德国哲学家的著作。主要有：1933年商务印书馆出版的胡仁源译的康德著《纯粹理性批判》；1936年商务印书馆出版的张铭鼎译的康德著《实践理性批判》；1936年商务印书馆出版的程始仁译的费希特著《知识学基础》；1934年正理报社出版的周谷城译的黑格尔的《逻辑学大纲》；1936年商务印书馆出版的王造时译的黑格尔的《历史哲学》；1935年辛垦书店出版的柳若水译的费尔巴哈著《黑格尔哲学之批判》；1936 年辛垦书店出版的柳若水译的费尔巴哈著《将来哲学的根本问题》等；以及 1929 年东亚图书馆出版的程始仁译的德波林著《康德的辩证法》、《费希特辩证法》；1935 年商务印书馆出版的彭基相译的林稷著《康德哲学》；1935 年商务印书馆出版的余又荪译的桑木严翼著《康德与现代哲学》；1935 年民友书局出版的任白戈译的德波林著《黑格尔之辩证法》；1936 年商务印书馆出版的贺麟译的凯德著《黑格尔》和鲁伊士著的《黑格尔学述》，1937 年商务印书馆出版的林伊文译的约德尔的《费尔巴哈之哲学》等。

西方哲学在中国传播的必然结果就是，马克思主义哲学因为其本身的科学性和革命性而被中国人民所接受，并用它作为自己革命实践的指导原则。不应否认的是，由于马克思主义哲学是批判地继承德国古典哲学的产物，因此，如果没有其他的西方哲学的输入，尤其是德国古典哲学的大量译介，我国的马克思主义者就无法真正地把握马克思主义哲学。

三 马克思主义著作在中国的翻译和传播

从 1840 年开始，中国人就一直在寻求救国的真理。洋务运动、维新运动和辛亥革命都失败了。这说明，救国救亡的道路还没有真正找到。先进的中国人仍然执著地在求索。新文化运动时期兴起的翻译介绍西方资产阶级哲学没有能够使迫切需要救国真理的革命者感到振奋。

真理在哪里？人们仍旧在探索着。直到有一天，俄国革命的一声炮响，中国人才猛然明白，对于苦难深重的中华民族来说，马克思主义才是真正救国的真理。马克思的学说这时在中国得到了广泛的传播。

马克思主义在中国的传播可以大致分成两个时期。以五四运动为分水岭，形成以朱执信为代表的早期传播，和以李大钊为代表的马克思主义在中国的广泛传播这样两个时期。

 马克思主义在中国的早期传播

中国人知道马克思的名字，大约是在 19 世纪的 90

年代。清末，1899 年外国传教士控制的广学会的机关报《万国公报》连续刊登了英国传教士李提摩太节译、蔡尔康撰文的《大同学》。《大同学》是英国社会学家颉德所著的《社会进化论》的中译本。该书中几次提到马克思的名字，并引述了《资本论》中的一些观点。

马克思主义在中国的早期传播，是由资产阶级革命派开始的。20 世纪初，1902 年到 1903 年，留日学生译介日文的有关社会主义的著作形成了一个高潮。但那时人们把无政府主义和马克思主义都看做是社会主义。

从那时起到 1911 年的大约 10 年，可以说是辛亥革命的准备时期。在这一段时期中，除了资产阶级的民主思想被大量地介绍给中国，为资产阶级的民主革命做好舆论准备之外，马克思主义的哲学思想也同时被初步介绍到了中国。唯物史观的启蒙和传播是马克思主义哲学早期传播的一个重要特点。

1903 年，维新派的出版机构广智书局出版了赵必振译的日本福井准造著的《近世社会主义》。这是在中国相对系统介绍马克思学说的第一部译著。在书中的第二编"德意志之社会主义"中，介绍了马克思，在第四编介绍了欧美各国的社会主义的学说。书中还介绍了马克思和恩格斯的一些著作，如《哲学的贫困》和《共产党宣言》等。

同年，《浙江潮》杂志社出版了中国达识译社译的日本幸德秋水著的《社会主义神髓》。这本书一共分 7 章，主要是宣传社会主义和马克思主义的学说。与

《近世社会主义》相比，《社会主义神髓》要成熟一些。其中的主要内容取自《共产党宣言》和《社会主义从空想到科学的发展》。

这一时期译介的关于马克思主义学说的书籍还有周百高译的日本西川光次郎著的《社会党》，由广智书局出版；罗大维译、日本村井知至著的《社会主义》，广智书局出版；作新社出版的日本岛田三郎著的《社会主义概评》；久松义典的《近世社会主义评论》；幸德秋水的《二十世纪之怪物帝国主义》、《广长舌》以及英人克喀伯的《俄罗斯大风潮》等。

在上述的这些著作中，以《近世社会主义》和《社会主义神髓》最为著名。《社会主义神髓》简述了贫困产生的原因、产业制度的进化、社会主义的主张和贡献、社会党的运动等问题。这部日文著作1903年7月才出版，9月就被译成了中文并出版，且先后有几个译本问世，在当时流传很广。

1907年春，刘师培以妻子何震的名义在日本东京创刊了《天义报》，以传播无政府主义。1908年，《天义报》第15期刊登有《共产党宣言》英文版序言的译文，这序言是1888年恩格斯写的。在该报第16到19期的合刊上，又登出《共产党宣言》的引言和第一章的完整的译文。译文是根据1905年日本《社会主义研究》创刊号上的日文转译来的。同时还发表了志达的《女子问题研究》，其中有恩格斯《家庭、私有制及国家的起源》一书中的片段。该报还刊登了齐民社翻译英国社会党领袖海德门的《社会主义经济学》。

1905 年，孙中山、黄兴在日本东京成立了资产阶级的革命政党中国同盟会。它是以兴中会和华兴会为基础，联络光复会而成立的。孙中山被推举为总理，黄兴等分别担任执行、评议、司法三部的工作。同时创办《民报》作为机关报。《民报》由此成为宣传资产阶级民主革命的喉舌。《民报》的主要撰稿人有胡汉民、汪兆铭、陈天华、朱执信、马君武、宋教仁、章炳麟等。其中朱执信、宋教仁、廖仲恺等在翻译介绍马克思学说方面做出了突出的贡献。

1906 年，资产阶级民主革命家宋教仁在《民报》上发表了经过他修改的译自日本《社会主义研究》杂志的《万国社会党略史》一文。文章概说了第一国际的历史，介绍了第二国际各次代表大会，同时说明阶级对立和阶级斗争、马克思学说的意义。

廖仲恺在《民报》发表了翻译的柏律氏的《社会主义史纲》、《无政府主义与社会主义》两篇文章，概述了社会主义思想的起源和分期，阐明了无政府主义和社会主义的基本区别。

朱执信（1885～1920），广东番禺人。出生于封建士大夫家庭。1902 年入"教忠学堂"读书。青年时期目睹的民族危机，使他执著地追求救亡和变革的真理。在校期间，他就组织了"群智社"，并集资购买各种新学书刊，与大家一起探求救国救民的真理。这时他开始接触了西方资产阶级启蒙书籍，如《天演论》、《民约论》、《原富》等。1904 年朱执信官费留学日本，在那里结识了孙中山和其他革命党人。1905 年加入同盟会，被推选为评议部议员兼书记。从此成为孙中山领导的资产阶级革命的激进分子，在同改良派的论战中成为中国资产阶级及革命民主派的著名理论家和活动家。辛亥革命后担任过广东军政府总议员、大元帅府秘书等职，是孙中山的主要助手之一。1920 年，在虎门被桂系军阀杀害，年仅 35 岁。

在日本时，朱执信以各种笔名在《民报》上发表文章，积极鼓吹"驱除鞑虏，恢复中华，建立民国，平均地权"的口号。同时发表文章分析资本主义社会中分配不公的原因。1906 年的 1 月和 4 月，他在《民报》的第 2 号和第 3 号上发表《德意志社会革命家列传》，除了介绍马克思和恩格斯的生平之外，还依据自己的理解译介了《共产党宣言》末尾的十项纲领和《共产党宣言》的要点，以及《资本论》的一些内容。

此外，介绍马克思学说的重要刊物还有《新世界》。《新世界》是中国社会党绍兴支部的机关刊物，由王缁尘创办于 1911 年冬。该刊自 1912 年的第 1 至第 7 期，连续刊载了施仁荣翻译的恩格斯的《社会主义从空想到科学的发展》（当时译为《理想社会主义与实行社会主义》），使得这本被誉为"科学社会主义入门"的著作在中国得到最初的传播。

 ## 五四新文化运动和马克思主义在中国的广泛传播

辛亥革命以后的一段时间里，中国思想界处于十分混乱的状况。许多鼓吹资产阶级民主的人面对社会的实际混乱状态，感到绝望，因而对民主革命产生了怀疑和动摇。辛亥革命后虽然有了中华民国的招牌，但占统治地位的仍然是封建的经济、政治体制。在思想领域里占统治地位的也还是封建的思想。

1915 年，《新青年》杂志创刊。它标志着一场新的文化运动的开始。这场运动因后来发生于 1919 年 5 月 4 日的北京青年学生爱国运动为分界线，分为前后两个时期。前期，在《新青年》的推动下，以追求"科学"与"民主"为主题。到 1917 年初，在胡适和陈独秀提出文学革命的口号后，新文学运动成为五四新文化运动的重要内容之一。而在 1919 年的五四运动之后，译介西方各种社会思潮尤其是马克思学说热潮兴起。

《新青年》开始时名为《青年杂志》，从 1915 年 9 月起的半年内连续出版了 6 期。1916 年 9 月出版第 2 卷第 1 期时改名为《新青年》。它在青年人中的影响随着发行量的增加而越来越扩大。初期《新青年》以资产阶级民主主义为思想武器。它的撰稿者们认为，为了使中国真正成为一个强盛的民主共和国，就必须大力宣传民主主义的新思想、新道德、新文化，彻底反对封建主义的旧思想、旧道德、旧文化。

1919 年 5 月 4 日北京爆发了学生爱国运动。随着这场运动的爆发，新文化运动就在全国民众中蓬蓬勃勃地兴起了。提倡白话文，反对旧礼教，介绍新思潮的各种报刊、丛书如雨后春笋。马克思主义学说、科学社会主义的思想就是在这时较有系统地被介绍到中国来了。

《新青年》的主编是陈独秀，李大钊和鲁迅也曾主编过该刊。1918 年 12 月，陈独秀、李大钊在主办《新青年》的同时，又创办了《每周评论》。该刊的主要内容是评论国内外大事、译介包括马克思主义学说在内的各种新思潮。

1919 年 3 月，《每周评论》发表倍倍尔的《近代社会主义与乌托邦社会主义的区别》。这是倍倍尔著作的第一个中译本。同年 4 月，《每周评论》又发表摘译的《共产党宣言》。

除了《新青年》，1919 年改版后的北京《晨报》副刊也是传播马克思主义的重要园地。陈博贤对传播马克思唯物史观起了重要作用。

陈博贤又名陈博生，福州人，中国现代著名报人。五四时期任北京《晨报》记者和编辑，兼任该报驻东京特派员。笔名"渊泉"。在《晨报》和其他报刊上发表了许多通讯、论说、评论和译文。译文中有许多是宣传马克思主义学说的。这一时期，他翻译了荷兰郭泰的《唯物史观解说》和考茨基的《文化上的马克思》，1921 年由商务印书馆出版。1919 年 5 月 5 日是马克思诞辰 101 周年纪念日，北京《晨报》副刊开辟了"马克思研究"专栏，专栏一共持续办了 5 个月。陈博贤发表了译自日本经济学家、马克思主义研究的先驱者河上肇的《马克思的唯物史论》一文。译文节译了《共产党宣言》第一节和《〈政治经济学批判〉

序言》。文章的发表为马克思唯物史观的启蒙提供了原文。

新文化运动兴起之后，传播新文化、新思潮的刊物大量涌现。积极宣传马克思学说的刊物有：《新青年》、《每周评论》、北京《晨报》副刊、上海《民国日报》的《觉悟》副刊、《星期评论》、《建设》等。

到 1920 年，马克思的《雇佣劳动与资本》、马克思、恩格斯合著的《共产党宣言》、考茨基的《马克思经济学说》、《阶级斗争》等著作都已经见诸报端和书籍。

为传播和译介马克思学说做出重要贡献的有：

李大钊（1889～1927），字守常，河北乐亭县大黑坨村人。他是中国最早的马克思主义者，中国共产党的创始人之一。1905 年考入永平府中学。1907 年考入天津北洋法政专门学校。1913 年留学日本。1916 年回国后，历任北京《晨钟报》总编辑、北京大学经济学教授兼任图书馆主任和《新青年》杂志编辑。十月社会主义革命后，他接受了马克思主义，并为传播马克思列宁主义，发表过多篇著名论文。他还创办了《每周评论》，积极领导了五四运动。1920 年他在北京组织共产主义小组。中国共产党成立后，负责北方区党的工作。在国共合作期间帮助孙中山确定联俄、联共、扶助农工三大政策，并在改组国民党的工作中，起了重要作用。1924 年代表中国共产党参加共产国际第五次代表大会。1927 年 4 月被军阀张作霖逮捕并杀害。

李大钊翻译的马列著作虽然并不多，但他在全面

系统地介绍马克思主义学说方面却是中国第一人。在
1918 年到 1919 年间，他在《新青年》上开始发表文
章宣传马克思学说。在他率先举起的系统传播马克思
主义的火炬下，马克思的学说在中国得到了广泛的传
播。

1918 年 5 月，李大钊主持主编的《新青年》出版
了纪念马克思诞辰 100 周年的专号。他为此写了两篇
文章：《我的马克思主义观》和《马克思的经济学
说》，系统地介绍了马克思经济学说，并扼要地介绍了
《资本论》的内容。

1921 年，北京大学的师生邓中夏、罗章龙、刘仁
静等 19 人在李大钊的支持和领导下，成立了"马克思
学说研究会"。根据李大钊的提议，该会翻译室的七八
个同学在老师的指导下，完成了《资本论》第一卷的
翻译工作。但后来译稿没有出版。

中国第一部正式出版发行的《资本论》是由陈启
修翻译，上海昆仑书店于 1930 年 3 月出版的《资本
论》第一分册，它仅包括第一卷的第一篇。该书以德
文第四版为根据，参照英文译本和日文译本译出。该
书以旁注的形式收入了考茨基的《马克思经济学说在
思想史上的地位》以及河上肇的《〈资本论〉在马克
思经济学上的地位》。后来潘东舟接续陈启修的工作继
续翻译《资本论》，但也只是完成了第一卷的二至四
篇，分别作为第二和第三分册，由北平东亚书店出版。
继陈启修之后，先后有多人翻译过《资本论》，其中包
括侯外庐和王恩华、吴半农和千家驹以及郭大力和王

亚南。

　　1932 年 9 月，侯外庐和王恩华两人合作翻译完了《资本论》第一卷的前 7 章，作为《资本论》第一卷上册以国际学社的名义出版。第一卷的中、下两册以世界名著译社的名义在 1936 年 6 月出版。后来王恩华去了延安，翻译工作由侯外庐一人继续进行。至 1938 年当得知郭大力与王亚南的合译本即将出版时，这项工作便停止了。

　　在侯外庐与王恩华合译《资本论》的同时，吴半农与千家驹等 3 人也在着手翻译该书。后因商务印书馆在出版吴半农译、千家驹校的第一分册时一再拖延，他们便没有继续翻译下去。

　　第一次把《资本论》全部译成中文并全部出版的是郭大力和王亚南。

　　郭大力（1905～1976），江西南康县人。1924 年入厦门大学学习化学，1925 年转入上海大夏大学攻读哲学，并开始研究马克思主义。他为马克思主义政治经济学的翻译、教学和研究贡献了毕生的精力。从 1928 年开始，他主要从事《资本论》的翻译工作。后王亚南也加入了这一工作。为了翻译《资本论》，他先翻译了几部资产阶级经济学家的著作，其中包括与王亚南合译的大卫·李嘉图的《政治经济学及赋税原理》（1931）、亚当·斯密的《国民财富的性质和原因的研究》（1931）等。此外，他还独自翻译了一系列有代表性的资产阶级经济学家的著作，主要有马尔萨斯的《人口原理》、约翰·穆勒的《经济学原理》、斯坦

翻译史话

利·杰文斯的《政治经济学原理》等。1939 年他翻译出版了《〈资本论〉通信集》，从 1940 年起翻译马克思的《剩余价值理论》，1949 年在上海出版。

王亚南（1901～1969），湖北黄冈县人。经济学家、教育家。1927 年毕业于武汉中华大学教育系，曾留学日本，研究政治经济学。1928 年大革命失败后，到杭州，寄宿在西子湖畔的大佛寺内时，与郭大力相识，成为莫逆，两人遂决定长期合作研究政治经济学和翻译《资本论》。他与郭大力在白色恐怖和经济困难的情况下，艰苦奋斗了十余年，终于在 1938 年 9 月出齐了《资本论》三卷本的中译本。由于他们在翻译《资本论》之前，已翻译了英国古典经济学的主要著作，从而保证了《资本论》翻译的准确性。他们的翻译工作使中国人民有可能全面掌握马克思经济思想的全部内容。

胡汉民（1879～1936），原名衍鸿，字展堂，广东番禺（今广州）人，国民党元老，著名资产阶级革命家和政治家。从 1905 年同盟会成立到 1925 年孙中山逝世时，始终是孙中山的得力助手。孙中山逝世后，他曾经参与反对共产党的活动，后又遭蒋介石排挤，并被软禁。后来他到香港办《三民主义》，晚年赞成和拥护抗日救国的主张。

胡汉民是国民党的理论家。1919 年 8 月，孙中山在上海创办了国民党的理论刊物《建设》，胡汉民任总编辑。他先后节译了马克思和恩格斯的一些著作，如《神圣家族》、《哲学的贫困》、《共产党宣言》、《雇佣劳动与资本》、《路易·波拿巴的雾月十八日》、《〈政治经济学批判〉序言》、《资本论》第一卷附注、《资本论》第三卷等。他的这些节译可以说是为唯物史观的启蒙做出了很大的贡献。虽然胡汉民后来的政治倾向是反共的，但却不能因此而抹杀他在传播马克思主义哲学方面所起到的重要作用。

李达（1890～1966），号鹤鸣，湖南零陵（今冷水滩市）人，著名马克思主义启蒙思想家、哲学家、经济学家、法学家和教育家。1913年他东渡日本，先学习理科，俄国十月革命后开始研究马克思主义，并很快成为马克思主义的坚定信仰者。1920年8月回国，在上海与陈独秀、李汉俊、陈望道、施存统等共同发起组织中国共产党。1921年2月，代理上海发起组书记。后来在中共"一大"会上当选为中共中央局宣传主任。1922年11月，应毛泽东函请，到长沙任湖南自修大学学长，同时开始了在湖南从事马克思主义的理论研究和宣传教育活动。他从1920年开始主编《共产党》月刊。《共产党》月刊从1920年11月7日俄国十月革命三周年创刊到1921年8月停刊，共出6期。在这期间，该刊刊载过列宁在联共九大会议上的演说词《俄罗斯的新问题》，署名震寰译；沈雁冰（即茅盾）译的《共产党的出发点》、列宁的《国家与革命》第一章和《美国共产党宣言》等。

李达在这一时期还主持中共第一个出版机构人民出版社，出版了许多马列著作。这个地下的出版机构是1921年9月陈独秀和李达创立的，社址就在李达寓所内。他不仅负责编辑、校对和发行，还撰译了部分书稿。这个出版社在一年的时间里，出版了 15 种书籍，如《共产党宣言》、《哥达纲领批判》、《雇佣劳动与资本》、《国家与革命》等。

早在日本留学期间，李达就已经开始翻译《唯物史观解说》、《马克思经济学说》和《社会问题总览》。《马克思经济学说》是德国社会民主党领袖考茨基的著名的马克思主义通俗著作，先后有陈博贤、戴季陶、李达的多种中译本。《社会问题总览》是日本著名社会思想家、《资本论》日文本译者高畠素之 1920 年 1 月出版的一本有关社会主义运动的重要著作。它阐述了社会主义的由来和意义，介绍了欧美各国社会党的情况和各种社会主义理论以及马克思主义的理论，同时介绍了唯物史观。李达的译本于 1921 年 4 月由中华书局出版，约 21 万字。李达翻译的《唯物史观解说》是传播唯物史观的一本通俗小册子，词义浅显，解释周全，共 14 章，约有 6 万字，作者郭泰，即格尔曼·果特（1863～1927），是荷兰社会民主党左派领袖。李达的译本 1921 年 5 月由中华书局作为"新文化丛书"出版。该书出版后，受到欢迎，到 1932 年共印行了 13 次。

1927 年大革命失败后，李达在湖南被通缉，于 12 月潜往上海，住在法租界。他与友人创办了上海昆仑书店。后来又由他的夫人王会悟以"王啸欧"的名义创办了上海笔耕堂书店，出版马克思主义著作。在此期间，他先后在上海法政大学、暨南大学、北平大学法商学院和中国大学任教,讲授社会学,实际上讲授马克思主义哲学等课程,成为当时最有影响的"红色教授"。在这一时期,他勤奋工作,共撰写和翻译了数百万字的马克思主义著作。其中有许多是马克思主义哲学专著,涉及马克思主义政治经济学、货币学、史学、法学等领域,尤其是对于马克思主义哲学的系统传播做出了杰出的贡献。

从 1929 年到 1932 年,李达翻译出版了 5 本马克思主义哲学著作。其中有《社会科学概论》,日本杉山荣著,与钱铁如合译,1929 年 3 月上海昆仑书店出版,该书共 6 章,约 10 万字。《现代世界观》,塔尔海玛著,上海昆仑书店 1929 年 9 月出版。这是一本讲述古今哲学与辩证唯物论的入门书。从宗教问题开始,讲述了古代希腊、印度、中国的世界观的发展,说明马克思主义哲学的产生和基本内容。1930 年,他与多人合作翻译了日本河上肇的《马克思主义经济学基础理论》,由上海昆仑书店出版。同年,他还翻译了卢波尔的《理论与实践的社会问题》,上海心弦书店出版。这是中国最初全面、系统介绍列宁哲学思想的译著。1932 年,又与雷仲坚合译了《辩证法唯物教程》。这是在中国有着深远影响的一部书,是 30 年代中国翻译的苏联的三部哲学名著的第一部。该书共有 6 章 27 万字,是 30 年代苏联哲学研究的重要成果。这本教程的译介为当时的中国哲学家们提供了重要的思想资料,它的影响可以说是至今仍在。

在中国影响最大的苏联三部哲学名著中的第二部

是艾思奇与郑易里合译的《新哲学大纲》, 1936 年 6 月出版, 约 10 余万字。这是米丁、拉里察维基等 10 位苏联哲学家为苏联大百科全书写的哲学条目, 原名《辩证法唯物论》。该书简明扼要地阐述了辩证唯物论。第一部分是"辩证法唯物论之历史的准备和发展", 系统地阐述了马克思主义前哲学史及马克思主义哲学的创立和发展。第二部分系统地论述了辩证唯物论, 阐明了马克思主义哲学的两个根本特征即阶级性和实践性。

艾思奇 (1910~1966), 云南腾冲人。1927 年赴日本留学, 学习冶金。同时业余时间阅读和研究当时日本流行的马克思主义著作。1931 年九一八事变后, 弃学回国, 先后在《读书生活》、《文化战线》等刊物中做编辑。1937 年到延安, 主持延安新哲学会, 任延安马列学院哲学教研室主任等职务。他是这一时期中国革命的主要马克思主义理论家之一。一生为哲学研究和理论宣传工作贡献力量。其主要著作有著名的马克思主义哲学通俗读本《大众哲学》、《新哲学论集》、《思想方法论》以及《哲学与生活》等。

第三部苏联哲学名著, 也是最大的一部, 是沈志远翻译的米丁的《辩证唯物论与历史唯物论》, 分上下两册, 先后由商务印书馆在 1936 年 12 月和 1938 年出版。该书 72 万字。到 1950 年为止, 这部书的上册共出版 18 次, 下册共出版了 13 次。该书的上册出版之后, 当时的上海《读书月报》发表书评说这是一本最好的辩证唯物论教科书。直到中华人民共和国成立后,这 3 部书仍是人们学习马克思主义哲学的重要著作。

沈志远（1902～1965），浙江萧山县人。曾就读于浙江省立一中和上海交大附中，高中毕业后因无钱上大学而以教书谋生。后在一些共产党员的影响下接受了马克思主义，并加入了中国共产党。1926 年被党组织派到莫斯科中山大学学习。后成为莫斯科中国问题研究所的研究生，1931 年结业。在此期间，他为共产国际东方部中文书刊编译处做《共产国际》中文版的编辑工作。在苏联学习期间，他系统地学习和掌握了马克思主义的基本理论，为日后的传播马克思主义理论打下了坚实的基础。1932 年 12 月，沈志远从苏联回国，在上海进行社会科学研究工作，译著了许多的经济学和哲学著作。除了大力传播当时苏联哲学界研究马克思主义哲学的成果之外，还对黑格尔哲学的传播起到很大的作用。其在这方面的主要论文和译文有：《黑格尔哲学的精髓》、《黑格尔与康德》、《近代哲学中辩证法史之发展》、《从康德到黑格尔》和《黑格尔哲学之时代》等。他的重点在介绍黑格尔的辩证法。

吴亮平（1908～1986），浙江奉化人，笔名吴黎平，马克思主义理论家、翻译家和无产阶级革命家。1925 年 11 月由中共派往莫斯科中山大学学习。1929年秋回国后从事马克思主义理论宣传工作。还在苏联的时候，他就翻译了马克思的《法兰西内战》、恩格斯的《社会主义从空想到科学的发展》和列宁的《两个策略》、《国家与革命》。这些书当时由莫斯科中山大学出版。1930 年他翻译的恩格斯的《反杜林论》由上海江南书店出版。《反杜林论》被誉为马克思主义的百科全书，这是该书第一个中译本，也被认为是最权威的译本。此外，他还根据 1929 年苏联出版的芬格尔特与薛尔文特的合著编译成《辩证法唯物论与唯物史观》，1930 年由上海心弦书店出版。全书共 8 章，约 17 万字。这是一部马克思主义哲学的通俗读物，但也是当时系统传播马克思主义哲学的重要读物。

瞿秋白（1899～1935），江苏常州人，中国共产党早期重要领导者，著名政治活动家、理论宣传家和文学理论批评家。祖父辈为官宦人家。父亲长期失业。母亲因家庭的贫困，在瞿秋白 17 岁那年自尽。瞿秋白自小勤奋，成绩优秀。但因贫困，中学辍学，做小学教师。1917 年入北京俄文专修馆学习俄文，与耿济之同学。五四运动前夕，瞿秋白与郑振铎相识，成为好友，后来在一起创办了《新社会》和《人道》等刊物，并开始接触到马克思主义。他在这期间翻译和撰写了不少的政论文章。1920 年秋，为了探求真理，他作为报社特派记者，到了苏俄，成为十月革命后最早去苏俄进行实际考察的中国知识分子之一。1921 年 9 月，他在苏联加入中国共产党，从此成为一位职业革命家。1923 年春回国，从事党的工作。1935 年 2 月在福建长汀水口被国民党军队逮捕，写下《多余的话》等诗文，同年 6 月 18 日在长汀县西门外被国民党杀害。

瞿秋白是最早较为系统地译介马克思主义文艺论著和文艺批评的人之一。在翻译介绍马列主义文艺理论方面做出了杰出的贡献。五四运动期间，曾从事文学活动。还在苏联时，他便登记加入了以郑振铎为核心的文学研究会。回国后，曾一度担任过文学研究会机关刊物《文学》周刊的编委。1931年初，他在党内斗争中遭到排挤时，到了上海，转入革命文学战线，与鲁迅成为朋友，一直到1934年回到苏区。在那3年的时间里，他翻译了不少马列文艺论著和苏联文学作品，并且发表了自己的翻译理论方面的观点。

他把对马克思主义文艺理论的翻译，看做是中国无产阶级革命文学运动的一个组成部分。在他之前，虽然也有人译介过马克思主义的文艺理论经典著作，但都没有瞿秋白这样目的明确、系统而且成就显著。在五四时期，中国对于马克思主义学说的译介，主要是哲学和政治经济学，涉及马克思主义文艺理论的不多。因此，瞿秋白的译介具有重要的意义。他编译的文艺理论，主要有论文集《现实》，它是根据当时苏联共产主义学院出版的《文学遗产》第一、二期上的资料编译而成的，一共有13篇文章；还翻译了列宁论托尔斯泰的两篇文章：《列甫·托尔斯泰像一面俄国革命的镜子》（即列夫·托尔斯泰）、《托尔斯泰和他的时代》。这些马列主义经典文艺理论不仅在当时，就是如今也依然有着重要的价值。尤其是他特别着重译介的马克思主义经典作家关于现实主义的文学思想，是马列主义文艺理论的重要组成部分。

在1927年1月，他翻译了苏联哥列夫的《无产阶级哲学——唯物论》一书，由《新青年》出版。这是一本概述马克思主义哲学的通俗读物，是李达翻译的《唯物史观解说》之后的又一重要译著。瞿秋白和李达翻译的关于唯物论的书籍在当时起到了在中国启蒙和传播辩证唯物主义的重要作用。

陈望道（1891～1977），浙江义乌人。早年留学日本。1919 年回国，参加新文化运动，从事宣传马克思主义学说的革命活动。1920 年春翻译《共产党宣言》，并担任《新青年》的编辑。他翻译的《共产党宣言》是中国最早的全译本。

成仿吾（1897～1984），湖南新化人。1910 年底去日本留学，学习工科，但爱好文学。1921 年参与发起创造社。1924 年到广州参加了大革命，任广州大学教授，兼任黄埔军校教官。大革命失败后，去了欧洲，先后到过苏、法、德等国。1928 年在法国巴黎参加中国共产党，主编中共柏林、巴黎支部机关刊物《赤光》。1931 年回国后，到苏区工作。曾任陕北公学校长。中华人民共和国成立后，主持过中国人民大学、东北师范大学、山东师范大学等校的工作。

成仿吾精通德、英、日、法、俄 5 种语言，翻译过许多文学作品，并长期致力于马克思主义经典著作的译校工作。早在 1927 年，他在巴黎时，就开始翻译马克思、恩格斯著作。1929 年，他在柏林时，翻译过《共产党宣言》，但后来译稿丢失。1938 年在延安时，他又与人合作重新翻译了出来。他校译过的马克思主义经典著作主要有：《哥达纲领批判》、《社会主义从空想到科学的发展》等。1982 年，中国翻译工作者协会成立时，他被邀请为名誉会长。

从 1928 年起，马克思主义哲学的译介更加系统，传播也更加广泛。而且这时翻译的著作已经从早期的通俗读物转向马克思主义哲学的原著。仅仅从 1928 年到 1930 年，新翻译出版的马恩著作就有近 40 种之多。如上面提到的陈启修翻译、上海昆仑书店 1930 年 3 月出版的马克思的《资本论》第一卷第一篇；吴黎平翻译、上海江南书店 1930 年 11 月出版的恩格斯《反杜林论》；李膺扬翻译、上海新生命书店 1929 年 6 月出版的恩格斯的《家庭、私有制和国家的起源》；彭嘉生翻译、上海南强书局 1929 年 12 月出版的恩格斯的《路德维希·费尔巴哈和德国古典哲学的终结》等。此外，这一时期还翻译有《〈哲学底贫困〉底拔萃》，这是李铁声根据日本浅野晃摘译自法文的译本译成的，刊载在 1928 年第 2、3 期的《创造》上。《唯物史观原文》是李一氓为纪念马克思诞辰 110 周年而编译的，刊载在《铁流》杂志 1928 年 5 月的特刊上；笛秋、朱铁笙译的列宁的《唯物论与经验批判论》；刘及辰译的《黑格尔〈逻辑学〉一书摘要》；柯雪飞译的斯大林的《马克思主义与民族问题》等。

随着新文学运动的兴起和马克思主义在中国的深入传播，马克思主义的文艺理论也被译介给了中国读者。在这方面做出突出贡献的有：

冯雪峰（1903～1976），浙江义乌人。幼时读过私塾，15 岁考入金华浙江第七师范学校，后因为参加学生爱国运动而被学校开除。1921 年在杭州加入由朱自清、叶圣陶等发起组织的文学社团晨光社。1926 年开始译介马克思主义文艺理论。1927 年加入中国共产党。因躲避国民党的追捕到了上海,结识了鲁迅,与鲁迅合编《科学的艺术论丛书》。1929 年参与了中国左翼作家联盟的筹备工作。1930 年与鲁迅、柔石等发起成立中国自由运动大同盟。1931 年担任中共左翼党团书记。

冯雪峰的译介以马列主义文艺理论为主。"左联"成立前后,他的马列主义文艺理论译著主要有普列汉诺夫的《艺术与生活》、卢那察尔斯基的《艺术之社会基础》、《新俄罗斯无产阶级文学》、《文学评论》、《科学的艺术论》等。他译介马列主义文艺理论的目的十分明确,就是为无产阶级革命文学的发展提供理论指导。此外,他还出版了 3 本介绍苏联文学的书籍,是当时较系统介绍苏联文学的著作之一。

周扬(1908~1989),湖南益阳人。原名周起应,笔名周觅。毕业于上海大夏大学,曾留学日本。30 年代担任过中共左翼作家联盟党团负责人,主编过《文学月报》。抗战期间在延安任陕甘宁边区教育厅长、边区文协主任、鲁迅艺术学院院长等职。抗战后,曾任中共晋察冀中央局、华北局宣传部长等职。中华人民共和国成立后,历任中央文化部副部长、中国文联主席、中国作协副主席、中共中央宣传部副部长等职。

30 年代,周扬就开始比较系统地译介马克思主义文艺理论和外国文艺思潮方面的著作。他译介较多的是社会主义、现实主义和革命浪漫主义的理论。1944

年在延安出版了他选编的《马克思主义与文艺》一书，书中选辑了马克思、恩格斯、普列汉诺夫、列宁、斯大林、高尔基、鲁迅和毛泽东等人有关文艺的评论。

为使马克思主义在中国得到广泛的传播，为加强对这一运动的领导，中国共产党决定建立一个统一组织——中国社会科学家联盟，简称"社联"。1930 年 5 月在上海举行了成立大会。邓初民、吴黎平等 30 余人出席了大会。大会通过了《中国社会科学家联盟纲领》，宣布其任务为：以马克思主义理论促进中国革命；普及马克思主义理论；批驳一切非马克思主义思想；领导新兴社会科学运动沿着正确的方向发展；参加无产阶级解放运动的实际斗争等。"社联"除创办机关刊物《社会科学战线》之外，还先后创办了《研究》、《新思潮》、《社会现象》、《时代论坛》等刊物。"社联"还开展书报评论，推荐优秀的社科著作，撰文著书，积极宣传马列主义。

从鸦片战争开始，中国人就在寻求强国的道路。在向西方学习的过程中，历经坎坷，有过失败和教训。在孜孜不倦地经过近百年的求索之后，先进的中国人终于找到了真理，那就是马克思主义。

马克思主义一经在中国得到广泛的传播，革命的风暴就是不可避免的了。建立一个科学的社会主义国家，成为无产阶级革命者的奋斗目标。

四 外国文学作品的翻译

我国在近现代对于外国文学的翻译大体可以划分为两个时期，即以五四新文化运动为分界线，形成五四前的近代文学翻译活动时期和其后的现代文学翻译时期。

 中国近代对外国文学的翻译

中国近代对于外国文学的译介早在晚清时期就已经有了相当的规模。据《涵芬楼新书分类目录》记载，到1911年，当时的翻译小说达400种。又据中国现代著名文学家、文学史家阿英的《晚清戏曲小说书目》的统计，从1875年到1911年的不足40年的时间里，中国的翻译小说达到了600多部，占当时出版小说总数的三分之二。

在晚清时期，翻译介绍外国小说之风已经形成。随着清政府被迫打开国门，中外文化的交流就是不可避免的了。当戊戌变法失败之后，梁启超逃亡到了日本，并于1902年在日本东京创办《新小说》杂志的时候，中国对于外国文学的翻译就和启蒙与救亡联系在一起了。

梁启超是最早提出小说的社会效果的，并首先倡导翻译外国小说。他十分看重文学对社会的作用。早在 1896 年，他在《时务报》上发表的《变法通议》系列文章中，有《论译书》一文。他在那时就提倡翻译文学作品，并强调了翻译的重要意义。当梁启超 11 月在日本横滨创办《清议报》时，他在该报的"规例"中，明确地提出了"政治小说"的概念，并郑重声明"政治小说"是该报的重要栏目。他亲自翻译了日本作家柴四郎的小说《佳人奇遇》，发表在该报上，并为这篇小说写了《政治小说〈佳人奇遇〉序言》，后来这篇文章改名为《译印政治小说序》。梁启超在这篇文章中宣扬翻译小说的重要意义，认为政治小说将可以启迪民智，发扬民众的爱国精神和热情。这篇文章发表后，对促进中国翻译文学的兴盛起到了积极的作用。那时，文学翻译和创作的比例大约是二比一。

当时国内有四大小说杂志：《绣像小说》、《月月小说》、《小说林》和《新小说》，它们都刊登翻译作品。如创刊于 1903 年、李伯元主编的《绣像小说》刊登过《灯台卒》、《天方夜谈》、《卖国奴》、《小殖民地》等；创刊于 1906 年，由吴趼人、周桂笙合编的《月月小说》刊登过包天笑译的《铁窗红泪记》、清河译的《美国独立史别裁》；创刊于 1907 年，黄摩西编的《小说林》刊登过《马哥王后佚史》等。以发表翻译小说为主的是 1904 年创刊、冷笑编的《新小说》。该刊曾刊登过冷血译的莫泊桑著《义勇军》、小造译的《决斗会》、《秘密囊》、兰言译的《旅顺落难记》等。

那时翻译的小说主要有政治小说、教育小说、科学小说、侦探小说。如1903年出版的《游侠风云录》、陈鸿壁译的《苏格兰独立记》、包天笑翻译的《铁世界》、苦学生译的《苦学生》、鲁迅译的《月界旅行》以及柯南道尔的侦探小说《福尔摩斯侦探案》的多种版本。总之，这一时期的翻译涉及面很广，各国的文学作品，无论是小说、散文、诗歌、戏剧等，都有翻译介绍。有代表性的有《伊索寓言》、《天方夜谈》、《鲁滨孙漂流记》、《格列佛游记》、《撒克逊劫后英雄略》、《巴黎茶花女遗事》、《汤姆叔叔的小屋》、《克雷洛夫寓言》、《心狱》（即《复活》）等。

由于晚清时期大量译介外国文学，加之梁启超等资产阶级改良派提倡通过小说改造社会，因此，这一时期中国的小说受到很大影响，盛行谴责小说。如那时的四大谴责小说《官场现形记》、《二十年目睹之怪现状》、《孽海花》和《老残游记》。

在中国近代翻译文学史上，影响最大、翻译数量最多的翻译家是林纾。

林纾（1852～1924），福建闽县（今福州）人。原名群玉，字琴南。近代文学家和文学翻译家。他的祖父是手工艺人，父亲经营盐业。林纾从小好学。少时因家境贫寒，买不起书，就到处求借，读了许多的古书。他博学强记，能文、能诗、能画，有狂生称号。31岁中举人。后7次参加礼部考试，均落第。从此灰心仕途，放弃八股。1882 年，他结识了高凤谦和高的两个弟弟。因高凤谦曾在商务印书馆编译所工作过，林纾后来的大部分翻译作品的出版都得力于高凤谦的帮助。林纾的民族自尊心很强。1884 年，法国军舰袭击我福建水师，官兵死伤 700 多人，林纾和友人为此在街头抱头痛哭。当钦差大臣左宗棠来到福州时，他和友人冒死拦道上书，告地方官员谎报军情，欺骗朝廷。1895 年清政府与日本签订《马关条约》时，他和友人又冒死抗议力争。1898 年，他到北京并结识了维新派人士林旭，曾同友人 3 次到御史台上书，抗议德国侵占我胶州湾。1901 年到北京，在各校任教，还在京师大学堂译书局任职。辛亥革命后，入北洋军人徐树铮办的正志学校任教。以后在北京专以译书和卖文卖画为生。

林纾由于擅长古文，所以他用文言翻译小说，译文可以说十分优美。林纾不懂外文。在他那个时代，懂得外文的人是很少的。他翻译小说，需要与懂得外文的人合作。别人口译，由他执笔用文言写出。林纾笔述的第一部小说是法国小仲马的《巴黎茶花女遗事》，出版于 1899 年 2 月。据说他的友人王寿昌从法国回国后，与他谈起法国文学，对《茶花女》这部小说赞叹不已，于是两人合译。小说出版后，引起轰动。从此林纾开始了他的翻译生涯。但由于他不懂外文，又没有外国文学史方面的知识，对外国文学作品十分陌生，不能分辨作品的不朽价值，完全依赖别人选择翻译题材，因此，他翻译了许多没有多少价值的作品。

　　据统计，林纾在他 20 多年的翻译生涯中，共翻译小说约 180 多种，达 1000 多万字。其中，属于名著的约 40 多种。继《巴黎茶花女遗事》之后，他于 1901 年又译出《黑奴吁天录》（今译作《汤姆叔叔的小屋》）。这是他翻译的第二部重要的小说。当时中国人民对于美洲黑人奴隶情况的了解大多都是从这本书中知道的。在辛亥革命前，林纾翻译了约 50 种作品。其中的大多数是较好的。1911 年辛亥革命后，林纾的翻译就不那样令人满意了，译文逐渐暗淡、干涩。在他翻译的作品中，为人熟知和值得提及的主要作品还有：《伊索寓言》、《鲁滨孙漂流记》、《块肉余生记》、《英国诗人吟边燕语》（即《莎氏乐府》）等。

　　他在翻译出版了《巴黎茶花女遗事》后不久，于 1901 年和林长民等人在杭州创办了《译林》月刊。辛亥革命前，林纾受维新派的影响，赞成变革，因此，在他为自己的翻译小说而写的序和跋中，经常明白地表达这一愿望，即希望通过外国文学作品的影响，达到以小说启发民智的目的。他在为《黑奴吁天录》写的序中说，他希望国人能够通过这本小说中黑奴的悲惨境遇，引以为鉴。他企图借小说呼吁人们变法维新，保种图强。林纾因为有着很深的古文修养，文学造诣很深，因此，译作读来韵味非常。他的译作影响了当时的许多人。鲁迅、郭沫若、朱自清、钱锺书等都喜爱林译小说。这些小说使当时的中国人了解到，西方不仅有坚船利炮、先进的科学技术，而且有优秀的文学。除了翻译之外，他还有诗文、小说、笔记、古文研究等著作留世，且数量惊人。

林纾年老以后，成了一个守旧分子。到了五四时期，他更加反对新文化运动，认为只有保存孔孟提倡的纲常名教这样的"国粹"，才能保证民族的继续存在，才是保种图强的道路。这显然是违背历史潮流的。

从五四新文化运动开始，白话文得到提倡。从此，人们的翻译便多用白话。白话小说比文言小说更加受到人们的喜爱，林译的文言小说在多年后就逐渐地被人们淡忘了。

五四运动前，在中国近代文学翻译史上，除了林纾外，还有许多著名的文学翻译家值得提及。如苏曼殊（1884～1918）也是一位做出了很大贡献的翻译家。苏曼殊名玄瑛，原籍广东香山（今中山）县，生于日本横滨，父亲名苏杰生，母亲是日本人。12岁时出家，自取法号曼殊。曾先后在横滨华侨主办的大同学校、东京早稻田高等预科和成城学校学习。1904年，游历了暹罗、锡兰（暹罗是泰国的旧称；锡兰是今斯里兰卡的旧称）等国，并学习了梵文。1907年，在日本与幸德秋水等组织亚洲和亲会，公开打出"反对帝国主义"的旗号。他还曾在江苏、湖南、安徽等地的新式学堂教过书，担任过《国民日报》等报纸的翻译、编辑工作。与陈独秀、柳亚子等人为友。在五四运动前夕，穷困潦倒地默默死去。

苏曼殊是个多才多艺的传奇式人物。他精通日文、英文、法文和梵文，在诗文、小说、绘画、翻译等领域都有较深的造诣。他的性情多变，时而壮怀激烈，时而放荡不羁。他在文学翻译上有着突出的贡献，先后翻译出版过法国作家雨果的《悲惨世界》、《拜伦诗选》以及彭斯、雪莱、歌德等人的作品。苏曼殊翻译的《悲惨世界》1903 年开始发表于上海出版的《国民日报》，署名苏曼殊、陈由己（即陈独秀）合译，实由他主译，陈独秀润色加工。后因报馆被查封而停止。1904 年，由镜今书局出版单行本，陈独秀续完 12 至 14 回。苏曼殊在主译这本书的时候，不仅有删节，而且加入了自己杜撰的人物和情节，用以讥讽嘲弄现实，表达自己的见解，反映出他受当时从日本传来的社会主义思想的影响。《拜伦诗选》出版于 1909 年，其中用古体诗形式译成的《赞大海》、《哀希腊》、《去国行》等是辛亥革命时期的著名译作之一，出版后深受读者喜爱，在青年中引起强烈反响。鲁迅曾经说过，拜伦之所以为中国青年读者喜爱，是因为他的诗歌能够引起中国青年心中的共鸣。那时，正是清朝末年，革命思潮方兴未艾，拜伦的诗歌富于反抗精神，于是强烈地感染了中国青年。苏曼殊还曾把中国古典诗歌译成英文，介绍到国外。

伍光建（1867～1943），广东新会县人。15 岁时考入天津北洋水师学堂。20 岁时留学于英国格林威治皇家海军学院，留学时间长达 5 年。此时开始接触英国文学和欧洲文学。回国后在北洋水师学堂任教。清朝末年编写过物理、化学和英语教科书，影响很大。1894 年开始从事翻译工作。50 多年的时间里，翻译的作品达 130 余种，约 1000 万字，包括文学、哲学、历史等，其中以 18 ～ 19 世纪欧洲古典名著为主。他最早翻译的是大仲马的《侠隐记》（即《三个火枪手》）、《继侠隐记》（即《二十年后》），还有狄更斯的《劳苦世界》（即《艰难时世》）和《二京记》（即《双城记》），以及斯威夫特的《伽利华游记》、夏洛蒂·勃朗特的《孤女飘零记》（即《简·爱》）和雨果、法朗士、陀思妥耶夫斯基、塞万提斯等人的作品。在伍光建用白话文翻译《侠隐记》时，还没有人用白话文翻译，是他首开白话文翻译之先河。

晚清文学翻译界大量翻译外国文学作品的还有：周桂笙、徐念慈、冷血、曾朴和包天笑等。

周桂笙（1873 ～ 1936），上海南汇人。肄业于上海中法学堂，熟悉法文和英文。1906 年起，任《月月小说》月刊的总编辑。曾发起组织"译书交通公会"。1912 年，任同盟会机关报《天铎报》编辑。他一生译作很多，所译文学作品主要是侦探小说、科幻小说和童话。他开始外国文学翻译活动的时间比林纾还早。翻译的文学作品多用浅近的文言或白话。这在当时是一种大胆的尝试，稍后的一些翻译家多少受到他的影响。他翻译了大量的外国侦探小说。侦探小说的翻译出版，促成了当时中国式侦探小说——武侠小说的大量出版，以至泛滥成灾。1901 年他翻译的阿拉伯文学名著《一千零一夜》发表。

徐念慈（1875 ～ 1908），江苏昭文（今属常熟）人。通英文、日文。1897 年，曾与友人在故乡创办中西学堂，传播新学。1902 年，与蔡元培等人交往，并加入兴中会。1904 年，与小说家曾朴等在上海创办小说林社，开始译著、编辑生涯。他也是著名的侦探小说翻译家，而且多用白话或浅近的文言翻译。

曾朴（1872～1935），江苏常熟人，笔名东亚病夫，近代著名作家，著有《孽海花》、《鲁男子》等。1904 年参与创办小说林社。1927 年设立真善美书店，并致力于译介法国文学。他翻译有多种法国作家的作品，如雨果的《九三年》、《吕伯兰》、《欧那尼》等，以及左拉的《南丹与奈侬夫人》、莫里哀的《夫人学堂》等。这是法国文学在我国的早期传播。

包天笑（1876～1973），清末民初有名的小说家、文学翻译家。江苏吴县人。从事小说创作和翻译 20 多年，晚年住在香港。曾主编小说杂志《小说时报》、《小说大观》、《小说画报》等。他的文笔灵秀，以白描见长。翻译有政治、言情、武侠等类小说，重要译作有《铁世界》、《无名的英雄》、《千年后之世界》等。

周瘦鹃（1894～1968），本名国贤，是当时有名气的青年小说家，江苏吴县人。早年肄业于上海民立中学。周瘦鹃以翻译法国小说为主，主要译作有莫泊桑的《铁血女儿》，大仲马的《血海翻波录》、《堕后》。此外，还有英国作家达维逊的《孝子碧血记》、《鸳鸯血》，拉慧克的《盲虚无党人》、梅生的《毕竟是非》以及《世界名家短篇小说集》等。他翻译集刊的《欧美名家短篇小说丛刊》，其中包括高尔基的《叛徒的母亲》等，深得鲁迅的赞扬，称其为"昏夜之微光，鸡群之鸣鹤"。

到五四新文化运动前夕，翻译西方文学著作的人越来越多，翻译作品的种类和范围也急剧发生了变化。可以说，文学翻译的近代阶段到五四新文化运动前就结束了。现代翻译文学的历史开始了。

五四新文化运动和对外国文学的翻译

现代翻译文学的发端，是从五四新文化运动开始的。

1915 年《新青年》杂志创刊。它标志着新文化运动的开始。《新青年》开始刊登翻译文学，推动了译介外国文学作品的更大高潮的到来。翻译文学成为新文学运动的一个组成部分，而且对建设中国的新文学起到过重要作用。

五四时期的新文化运动是一场轰轰烈烈的大规模的群众运动。它的影响是极其深远的。新文化运动的主要内容是提倡民主和科学，提倡白话文和进行文学革命。《新青年》的作者们鼓吹资产阶级的民主思想，反对封建专制；提倡个性解放，追求平等自由；提倡科学，反对迷信和偶像崇拜。提倡白话文和鼓吹文学革命是新文化运动的组成部分。1917 年，《新青年》发表陈独秀的《文学革命论》一文，正式举起了"文学革命"的大旗。文章主张推倒贵族文学、古典文学和山林文学，建设国民文学、写实文学和社会文学。

《新青年》所大力提倡的新文学是新文化运动的重要组成部分。《新青年》的作者们认为，文学领域里的革命是和反对旧政治、旧思想，提倡新政治、新思想的革命运动紧密联系着的。新文学的提倡在很大程度上促进了现代翻译文学的发展。而翻译文学的兴盛也在很大程度上对新文学运动起到了积极的推动作用，并对新文学产生了深远的影响。

继《新青年》之后，新文学社团和文学刊物在全国各地纷纷涌现。在众多的文学社团中，为现代翻译文学做出重大贡献的有：1921 年成立的文学研究会和创造社以及 1929 年成立的未名社。此外，如语丝社、沉钟社和新月社等文学团体也在译介外国文学方面做出了贡献。新文化运动带来了翻译文学的大发展。当时的新文学作家几乎都参加到文学翻译的队伍中来了。各类进步的刊物也都纷纷刊载翻译文学作品。译介外国文学在五四时期形成了高潮，而且其数量十分惊人。世界各国的著名作家几乎都有作品被译介过来。它使中国作家开阔了眼界，从艺术形式到文艺理论都受到了影响。

《新青年》 1915 年《新青年》创刊后，就开始翻译介绍欧洲文艺思潮和文学作品。初期，即 1915 ~ 1917 年，《新青年》上刊登的多是欧洲现实主义文学和唯美主义文学作品。1917 年陈独秀在《新青年》上提出"文学革命"的口号。此后，从 1918 ~ 1921 年，《新青年》主要介绍俄国、日本和其他被压迫民族的文学，并出版了"易卜生号"专刊。

在《新青年》上刊登的外国作家和作品主要有：陈独秀译、印度泰戈尔著的《赞歌》；胡适译、俄国作家泰来夏甫的《决斗》；胡适译、法国莫泊桑的《二渔夫》；周作人译、俄国亚历山大·伊凡诺维奇·库普林的《皇帝的公园》；罗家伦和胡适合译、挪威易卜生的《娜拉》；陶履恭译、王尔德的《遗扇记》；周作人译、丹麦安徒生的《卖火柴的小女孩》；鲁迅译、日本武者小路实笃的《一个青年的梦》；郑振铎译、高尔基的《文学与现在的俄罗斯》；鲁迅译、俄国阿尔志跋绥夫的《幸福》；周作人译、波兰显克微支的《愿你有幸福了》；沈雁冰译、爱尔兰作家葛雷古夫人的《海青赫佛》等。

《新青年》上刊登的译作译自许多国家，包括俄国、法国、日本、印度、美国、挪威、波兰、英国等。作家主要有屠格涅夫、王尔德、莫泊桑、易卜生、泰戈尔、安徒生、显克微支和高尔基等。

陈独秀是《新青年》的主编，是新文化运动的倡导者之一。陈独秀（1879～1942），安徽怀宁人，早年留学日本，回国后曾编辑《安徽白话报》。辛亥年间参加了反清斗争，1915 年创办《新青年》，1916 年任北京大学文科学长。1918 年与李大钊创办《每周评论》。他在《新青年》和《每周评论》上撰文猛烈抨击旧的思想文化，鼓吹新思想、新文化和新文学，并率先在《新青年》上介绍西方的文艺思潮。陈独秀除了自己翻译介绍了一些外国文学作品之外，最主要的贡献是他作为《新青年》的主编，积极倡导和组织翻译家向中国读者译介优秀的外国文学作品。

常在《新青年》上发表翻译作品的有胡适、周作人、刘半农、罗家伦等人。

1918 年,《新青年》第 4 卷刊出了"易卜生号",发表了胡适翻译的《易卜生主义》、罗家伦与胡适合译的《娜拉》、陶履恭翻译的《国民之敌》、吴弱南翻译的《小爱友夫》以及袁振英翻译的《易卜生传》。

易卜生是 19 世纪挪威著名的戏剧大师。他的影响并不仅仅局限在文学艺术领域,应该说他的戏剧开辟了一个新的时代。他以戏剧的形式提出了种种的社会问题,尤其是妇女问题的提出,更加使人的思想受到震动。当易卜生的《娜拉》被译介给中国的读者之后,在社会上引起了巨大的反响。在知识分子中几乎没有人不知道它,人人都受到了震动。

易卜生的戏剧直接影响了中国的一大批文学作家,使当时的众多的新文学家都创作了不少的"问题小说"。它直接促进了新文学的发展。

文学研究会和《小说月报》 继《新青年》之后,1921 年,文学研究会在北京成立。后来该会迁到了上海。文学研究会的发起人有沈雁冰、郑振铎、叶绍钧、王统照、许地山、郭绍虞、朱希祖、蒋百里、耿济之、孙伏园、瞿世英和周作人等 12 人。该会提倡新文学,反对封建文学;提倡"为人生"的文学,反对将文艺当做高兴时的游戏和失意时的消遣。当时汇集在这面大旗下的文学家和翻译家达一二百人。他们既是新文学的主力军,又是我国文学翻译领域的生力军。

文学研究会的机关报是《小说月报》。《小说月报》原创刊于1910年，是商务印书馆出版的文学刊物。1921年1月，被接受为文学研究会机关刊物，由沈雁冰、郑振铎主编。《小说月报》总第12卷第1期发表了改革宣言。从此，《小说月报》以主要篇幅刊登翻译文学，成为当时第一个大型新文学刊物。据统计，从1921年1月出版的第12卷第1期到1926年12月10日出版的第17卷第12期，《小说月报》刊登了俄国作品33种，法国文学27种，日本文学13种，印度文学6种，英国文学8种。此外，还有其他国家作品多种。这些作品既有现实主义的，也有浪漫主义的。1932年淞沪抗战时《小说月报》停刊。文学研究会随之自动解散。

文学研究会还出版了《文学旬刊》，编印了《文学研究会丛书》。收在《文学研究会丛书》里的外国作品有近百种，包括不同的国家、不同的流派、不同的体裁。

文学研究会是中国现代文学史上重要的文学社团，同时也为中国的文学翻译事业做出了很大贡献。文学研究会的主要贡献是它的着眼于现实主义的"为人生"的文学作品。他们翻译的外国作品以现实主义的最多，尤其重视译介被压迫民族的文学。

被压迫民族的文学作品，早在五四运动以前，中国就已经有人致力于翻译介绍了。鲁迅和周作人可以说是代表。文学研究会成立之后，开始较有系统地译介。1921年10月，《小说月报》刊出了"被损害民族的文学"专刊。该专刊上刊登了波兰、捷克、芬兰等处于帝国主义统治下的被压迫民族的文学作品，同时还介绍了这些国家的文学发展状况。如周作人译、波兰科诺布涅加支的《我的姑母》；鲁迅译、芬兰明那·亢德的《疯姑娘》；沈雁冰（即茅盾）译、新犹太拉比诺维奇的《贝诺思亥尔思来的人》；冬芬译、捷克波西迷亚贝克的《旅程》等。

除了"被损害民族的文学"外，《小说月报》还刊出过"俄国文学研究"、"法国文学研究"、"拜伦号"、"泰戈尔号"、"安徒生号"、"罗曼·罗兰号"等专刊。这些专刊的出版，极大地强化了"为人生"的现实主义文学的影响。这些文学作品及其思潮给新文学作家以新的启迪和范例。

文学研究会的另外一个特点是重视译介外国诗歌。如印度诗人泰戈尔的《园丁集》、《飞鸟集》、《新月集》和《吉檀伽俐》；荷马史诗《奥德赛》；但丁的《神曲》；惠特曼的《我自己的歌》；以及拜伦、雪莱、济慈、白朗宁和波特莱尔等人的抒情诗都被文学研究会的翻译家们译介给了中国的读者。这些诗歌无疑也对中国新诗的创作产生了很大的影响。

文学研究会的成员中，在译介文学作品方面做出了突出贡献的有茅盾、郑振铎、耿济之、王鲁彦、李青崖、李劼人、赵景深等人。

茅盾（1896～1981），原名沈德鸿，字雁冰，茅盾是他最常用的笔名。浙江桐乡人。1913年考入北京大学预科，1916年进上海商务印书馆编译所工作。1920

年初，主持《小说月报》新潮栏的编务，同年底，接手编辑《小说月报》。1920年加入上海的共产党发起组，为中共早期党员。1921年1月，与郑振铎、周作人、叶圣陶等人发起成立了文学研究会，并将《小说月报》加以改革，使之成为文学研究会的机关报。1926年投身北伐战争。1927年大革命失败后，流亡日本。1930年回国后，加入中国左翼作家联盟。抗战期间，被推选为中华全国文艺界抗敌协会理事，成为国民党统治区革命文艺运动的领导者之一。1939年到新疆学院任教。1940年到延安。曾在鲁迅艺术文学院讲学。1949年当选为全国文联副主席、中华全国文学工作者协会主席。中华人民共和国成立后担任文化界的高级领导工作。

茅盾从1916年开始翻译活动，多年里为中国的现代翻译文学做出了特殊的贡献。在主编《小说月报》期间，他积极鼓励和支持发表各种优秀的翻译作品，提倡开辟各种译介外国文学的专栏。他还曾为读者和翻译家们拟订了一份急需翻译的外国作家作品书目，共21位作家的43部作品。其中以法国和俄国作家作品居多，如左拉、莫泊桑、屠格涅夫、托尔斯泰、果戈理、契诃夫、赫尔岑、陀思妥耶夫斯基等。他自己在这一时期的译作也是相当可观的。据不完全统计，1920年茅盾有译作30余篇，1921年有译作50余篇。这些作品包括的国家主要有：土耳其、阿尔及利亚、亚美尼亚、波兰、捷克斯洛伐克、匈牙利、罗马尼亚、保加利亚、希腊、挪威、丹麦、西班牙、瑞典、美国、尼加拉瓜、秘鲁、阿根廷、巴西等。除此之外，他在这期间撰写的介绍和研究外国文学作品的文章有近百篇，如《托尔斯泰与今日之俄罗斯》、《对于系统的经济的介绍西洋文学的意见》、《萧伯纳的〈华伦夫人之职业〉》、《西班牙写实文学的代表者伊本纳兹》等。他自己曾经说过，那时十分热心介绍被压迫民族的文学，因此，专找弱小民族近代作家的短篇小说来翻译。

1930年，茅盾与刘导生合作翻译了恩格斯的《家庭、私有制和国家的起源》。虽然他这时的主要精力在创作上，但仍译介了许多外国文学作品，如高尔基的《大仇人》、左拉的《百货商店》、海涅的《英吉利断片》、苏联铁霍诺夫的《战争》、罗马渥维德的《拟情书》（一、二、三）、《苏联爱国战争短篇小说译丛》、苏联巴甫连科的《复仇的火焰》、苏联 K. 西蒙诺夫的《蜡烛》等。

茅盾对中国翻译事业的贡献是巨大的。他不但亲自翻译了大量的作品，更主要的在于他是文学翻译活动的主要组织者和领导者之一。作为文学研究会的主要成员和《小说月报》的主编，经他的努力，外国文学和西方文化思潮的译介出现了空前的高潮。

郑振铎（1898～1958），祖籍福建长乐，生于浙江永嘉（今温州）。作家、文学评论家、文学史家、文献学家、艺术史家和考古学家。笔名西谛、郭源新，是文学研究会的主要发起人之一。1917 年在北京铁路管理学院学习，课余时间大量阅读了西方的社会科学著作和俄国作品，深受启蒙著作的影响。五四运动时期，作为该校的学生代表积极参加运动，与瞿秋白等人创办了《新社会》，开始了他的文学活动。1921 年 1 月，和茅盾等发起成立文学研究会，并主编文学研究会的机关刊物《文学旬刊》。1921 年毕业后，到商务印书馆编译所工作。1923 年起主编《小说月报》。他积极提倡现实主义的进步文学，在文学界影响很大。1927 年的"四一二"政变后赴欧洲，在法国、英国等国的图书馆里研究希腊罗马文学，译著了《民俗学概论》等。1929 年初回国。1931 年任燕京大学、清华大学两校中文系教授。1935 年任上海暨南大学文学院院长兼中文系教授。主编过生活书店出版的《世界文库》。抗战胜利后，创办《民主周刊》，鼓动全国人民为争取民族和平而斗争。该刊物不久即被国民党查封。1949 年秘密绕道香港到北京参加第一届政治协商会议。中华人民共和国成立后，历任全国政协委员、中国科学院文学所所长、考古所所长、文化部副部长、全国文联主席团委员等职。1958 年 10 月 18 日，率领中国文化代表团访问阿富汗和阿拉伯联合共和国的途中，因飞机失事不幸遇难。

郑振铎的文学活动中，译介外国文学作品是很重要的一个方面。1919 年 12 月，《新中国》月刊发表了他翻译的列宁的《俄罗斯之政党》，这是他发表的第一篇译文。1920 年与耿济之合译了《国际歌》的歌词。他的译作，以泰戈尔的著作为最突出。译文全部译自英文，如《飞鸟集》、《新月集》等。泰戈尔是印度的伟大诗人，1913 年获诺贝尔文学奖。他的诗歌充满了对大自然的美丽的赞颂，抒发了诗人对她的无比的热爱。郑振铎翻译的《飞鸟集》和《新月集》对当时中国新诗的发展有很大影响，尤其是抒情诗、哲理诗的创作更是明显地受到泰戈尔的影响。

耿济之（1899～1947），原名耿匡，上海人。1918年入北京俄文专修馆学习俄文。1919年五四运动在北京爆发时，他和瞿秋白被推举为俄文专修馆的代表，积极投身于这一伟大的运动。这一年，他和瞿秋白合译了《托尔斯泰短篇小说集》。1920年于俄文馆毕业后，到外交部亚洲司工作。同年底与郑振铎等人组织成立文学研究会。1922～1937年，他在苏联做外交工作。从1938年起，他全力以赴地从事翻译工作，为良友、开明、生活等书店译稿，并以此为生。1947年，耿济之因劳累过度脑溢血，贫病交加地在沈阳逝世。

耿济之是文学研究会中最著名的俄文翻译家。他的第一篇译文是托尔斯泰的《旅客夜谭》（又译作《克莱采奏鸣曲》），那是他1918年在俄文专修馆时译的。随后，他翻译了托尔斯泰的《幸福家庭》，发表在天津《大公报》上。五四运动爆发时，他与郑振铎和瞿秋白结为挚友，从此一同为翻译事业贡献毕生精力。1920年他和郑振铎合作从俄文翻译了《赤色的诗歌——第三国际颂歌》，即国际歌，刊登在1921年的《小说月报》上。这是国际歌第一次被介绍到中国。他还和瞿秋白合作翻译了《托尔斯泰短篇小说集》，1921年由商务印书馆出版。1921年，他翻译的俄国文学名著有：托尔斯泰的《艺术论》、《黑暗之势力》、《复活》；屠格涅夫的剧本《村中之月》；奥斯特洛夫斯基的剧本《雷雨》，均由商务印书馆出版。还有刊登在《小说月报》上的果戈理的《疯人日记》、契诃夫的《侯爵夫人》等。1921 年出版的《小说月报》第 12 卷是《俄国文学研究》专号，他在这上面发表了 7 篇译作。此后，他还翻译了安德烈夫的《恋爱、信仰和愿望》、陀思妥耶夫斯基的《罪与罚》等作品。不幸的是，当他将《罪与罚》的译稿交给商务印书馆准备付印时，译稿被日军挑起的"一·二八"战火焚毁。1937 年，他为赵家璧编辑的《世界短篇小说大系》选编了《俄国短篇小说集》。抗战期间，他翻译了高尔基的长篇小说《家事》、《马特威·克日米亚金的一生》、《俄罗斯浪游散记》；果戈理的《巡按使及其他》、陀思妥耶夫斯基的《白痴》、《死屋手记》、《少年》等。

耿济之翻译的众多的俄国文学作品，多数都是名著，为中国广大读者所熟悉。

在法国文学的翻译介绍方面，贡献卓著的是李劼人、李青崖等人。

李劼人（1891～1962），现代小说家、翻译家。原名李家祥，四川成都人。1911 年曾参加四川保路同志会运动。第二年与郭沫若等同班毕业于成都府中学。1919 年赴法国勤工俭学，学习法国文学，并开始翻译作品。1924 年回国，怀着实业救国的愿望开办工厂，同时从事教育工作。1925～1933 年，先后任成都大学、四川大学教授。在这期间，翻译和改写了许多法国作品。1935 年开始从事文学创作，著有名著《死水微澜》等。他译介的法国文学作品有长篇小说和剧本 20 余种。主要有福楼拜的《马丹波娃利》（今译为《包法利夫人》）和《萨朗波》；都德的《小东西》和《达哈士孔的狒狒》；莫泊桑的《人心》；龚古尔兄弟的《女郎爱利沙》；卜勒浮斯特的《妇人书简》；法莱士的《文明人》；罗曼·罗兰的《彼得与露西》等。

　　李青崖（1886~1969），曾留学比利时列日大学理工学院，1912 年毕业回国。1921 年参加文学研究会，致力于法国文学的翻译介绍。曾先后任中国公学文理学院院长，复旦大学、湖南大学、中央大学教授等职。他从 20 年代开始翻译法国文学作品，同李劼人一样翻译过福楼拜的《包法利夫人》；法朗士的《波纳尔之罪》等。其中《莫泊桑短篇小说全集》最为重要，共 9 册，由上海北新书局出版，曾在读者中引起大的反响。

　　五四期间，在译介外国文学理论和思潮方面也有较大的成就。傅东华为此做出了很大的贡献。

　　傅东华（1893~1971），文艺理论家、翻译家。1913 年起开始翻译文学作品。他的译作被列入《文学研究会丛书》的有：1923 年商务印书馆出版的《诗之研究》、《青鸟》，1925 年出版的《诗学》，1926 年出版的《社会的文学批评论》，1931 年出版的《比较文学史》、《近代世界文学批评》等。此外，他还译介有希腊古典文学名著《奥德赛》、《伊利亚特》；弥尔顿的《失乐园》；塞万提斯的《唐·吉诃德》、《吉诃德先生传》和美国作家玛格丽特·米歇尔的《飘》等。

创造社 创造社是中国现代文学史和翻译文学史上的又一重要团体。1921 年在日本成立。主要发起人有郭沫若、郁达夫、成仿吾、张资平、田汉、郑伯奇等。创造社主张尊重艺术，表现自我，以积极浪漫主义为其主要思潮。该会后期提出"革命文学"的口号，促进了革命文学运动的发展。1929 年被国民党查封，遂停止活动。创造社在宣传马列主义文艺理论和倡导无产阶级文学运动方面，起到了重要作用。同文学研究会一样，它是中国新文学运动最早和最有影响的文学团体。

创造社的主要成员都曾经留学日本，明显地受到了西方文学，尤其是西方浪漫主义文学的影响。

创造社的主要刊物有《创造》季刊、《创造周刊》、《创造日》、《洪水》、《文化批判》和《思想》等，并出版了《创造丛书》。

创造社的翻译活动范围很广。除了翻译有各种文学著作如诗歌、小说、戏剧等外，还翻译有很多的文艺理论著作，介绍了各种文艺思潮，如浪漫主义、象征主义、未来派、表现派等。

创造社在译介作品时，着重翻译介绍的是浪漫主义的文学，同时也介绍其他流派的作家和作品，如歌德、海涅、拜伦、雪莱、济慈、雨果、惠特曼、罗曼·罗兰等。他们还喜欢斯宾诺沙、尼采、柏格森等人的哲学，对他们的作品做了很多的介绍。为了大力译介西方浪漫主义文学，创造社刊出了"雪莱纪念号"专刊。

创造社中最有影响的人物是郭沫若。他以译介西方浪漫主义的文学作品和歌德的作品享誉中国文坛。

郭沫若（1892～1978），四川乐山人，原名郭开贞，沫若是他的笔名。1914年春到日本，1918年入九州帝国大学学医。在此期间，他广泛阅读了各国文学作品，受到各种文艺思潮的影响，其中包括泛神论的思想。1917年前后开始从英文翻译泰戈尔、海涅等人的诗歌。五四时期创作了许多新诗，成为中国新诗的奠基人。1921年，与郁达夫、成仿吾等发起成立了创造社，他是这个文学社最重要的作家和翻译家。1926年参加北伐，第二年参加南昌起义，并加入中国共产党。1927年大革命失败后，流亡日本，从事中国古代史和古文字学研究。抗日战争爆发后回国，参加抗战，并成为全国进步文化界的领导人之一。中华人民共和国成立后，担任国家重要领导工作。

1919年，五四运动兴起时，郭沫若开始着手翻译德国著名作家歌德最重要的代表作《浮士德》。从1919年开始翻译《浮士德》的第一部到1947年译完第二部，一共经历了近30年的时间。《浮士德》是歌德用德国民间的传说加工创作的一部戏剧。16世纪，德国民间有关于浮士德博士的传说。传说中的浮士德与魔鬼结盟，演出了许多罪恶的奇迹，死后灵魂被魔鬼带走。歌德将这个故事加以改造，把浮士德塑造成一个在人间不断追求最丰富的知识、最美好的事物、最崇高的理想的人。剧中的所有人物包括魔鬼都具有十分深刻的象征意义。歌德在这部戏剧里运用了当时欧洲所有的诗体，来表达他的各种错综复杂的思想和感情。

郭沫若在五四运动高涨的时候选择《浮士德》翻译，是因为他感觉到中国当时的五四运动很有点像歌德创作《浮士德》第一部时所处的德国"狂飙突进运动"。这两场运动都发生在由封建社会向现代社会转变的历史时期。显然，郭沫若是想以这部名著给人们一些有益的启迪。

除了《浮士德》，郭沫若还翻译了歌德的《少年维特之烦恼》，1922 年由上海泰东图书局出版，在当时也引起了极大的反响。后多家出版社多次再版。歌德的这部书信体小说虽然只有 150 页左右，但却是使歌德最早、而且长期享有国际声誉的著作。

郭沫若翻译小说时，首先考虑的是选择于时代和人民有益的作品。1925 年，他翻译了爱尔兰作家约翰·沁孤（今译作约翰·密灵顿·辛格）的全部剧本。约翰·沁孤是爱尔兰文艺复兴运动的代表作家之一。他的《骑马下海人》、《谷中暗影》等都表达了对劳动人民的同情。从 30 年代初开始，郭沫若除了继续翻译文学作品外，还致力于译介外国政治、经济、哲学和自然科学方面的著作，其中包括马克思主义的学说。1931 年，郭沫若翻译了托尔斯泰的长篇巨著《战争与和平》，由上海文艺书局出版。

在郭沫若的全部译著中，对于外国戏剧的译介是十分显著的。他翻译的外国戏剧约有 11 部，其中有歌德的《浮士德》；席勒的《华伦斯坦》；爱尔兰剧作家约翰·沁孤的全部剧本；英国高尔斯华绥的《争斗》、《银匣》、《法网》。他之所以选择这些戏剧译介给中国读者，首先，是因为这些作品在他的心中引起了强烈的共鸣。其次，是他感到这些作品正是当时的中国读者需要的，是对社会有益的。

郭沫若译作很多，除了上面提到的以外，主要还有波斯作家莪默伽亚谟的《鲁拜集》、英国雪莱的《雪莱诗集》、德国哲学家尼采的《查拉图司屈拉钞》、美国辛克莱的《石炭王》、《屠场》和《煤油》、马克思的《政治经济学批判》和《艺术作品之真实》、英国威尔斯的《生命之科学》、德国席勒的《华伦斯坦》、日本林谦三的《隋唐燕乐调研究》、英国韦尔斯的《人类展望》、马克思、恩格斯合著的《德意志意识形态》、歌德的《赫曼与窦绿苔》等。

在创造社中，除了郭沫若这位巨人之外，还有成仿吾、郁达夫、田汉、穆木天等人也都为现代翻译文学的发展做出了自己的贡献。

成仿吾（1897～1984）是创造社的主要成员之一。前面的"马克思主义在中国的传播"章节中提到过他对马克思主义传播做出的贡献，同时他对现代翻译文学的贡献也是值得提及的。成仿吾精通德、英、日、法、俄多种语言，翻译过文学作品和文艺批评，并先后任《创造》季刊、《创造周刊》、《创造月刊》、《文化批评》等刊物的编辑。

成仿吾译介了不少脍炙人口的诗歌，如雪莱的《哀歌》、歌德的《少年与磨坊的小溪》、海涅的《幻景》等。他还曾与郭沫若合作编译了《德国诗选》。他译的诗歌文字十分优美。他还曾写过《论译诗》一文，发表在 1923 年 9 月的《创造周刊》上，就诗歌的翻译发表了他的理论。文章阐述的是浪漫主义的文学思想，和创造社的文学主张相一致。

郁达夫（1896～1945），浙江富阳人，原名郁文。1913 年赴日本留学，在日本与郭沫若、成仿吾等人成为好友。是创造社的共同发起人。他博览群书，尤其喜爱外国文学作品。1922 年回国后，先后在北京大学、武昌师范大学、中山大学、安徽大学等校任教。30 年代与鲁迅建立了深厚的友情，曾与鲁迅合作编辑当时著名的翻译文学杂志《奔流》月刊。抗战期间，积极参加抗日救亡文化运动。抗战后期，化名隐居，不幸被日军发现，在日本已经宣布投降后，被日本宪兵秘密杀害。中华人民共和国成立后，中央人民政府追认他为烈士。

郁达夫是一位才华横溢的学者、文豪，精通日、英、德、法、印尼等国文字。他的译作不多，大多收集在他的译文集《几个伟大作家》中。1928 年他翻译了林道的小说《幸福的摆》，发表在《奔流》杂志上。1935 年上海生活书店出版了《达夫所译短篇集》，收了他翻译的小说 8 篇。除了翻译过一些小说外，他还发表过屠格涅夫的著名演讲《哈姆雷特和堂吉诃德》、高尔基的《托尔斯泰回忆杂记》等。

田汉（1898～1968），现代戏剧家、诗人。湖南长沙人。自五四运动起，积极投身新文化运动。曾留学日本。1921 年回国后，参与了创造社的创立。后来创办了南国艺术学院、南国社，主编《南国月刊》。他是中国革命戏剧的奠基人及早期音乐和电影的组织者、领导者。1932 年加入中国共产党，任"左翼剧联"党团书记。田汉是一位具有多方面才能的多产作家，创作了大量的话剧、电影剧本、歌词等。其中，由其作词，聂耳谱曲的《义勇军进行曲》成为中国人民抗日战争的战歌，并先后被确定为中华人民共和国代国歌和国歌。他在文学翻译方面最突出的贡献是对莎士比亚戏剧的译介。1922 年创造社刚成立的时候，他就用白话散文翻译了莎士比亚的戏剧《哈姆雷特》。这是第一部译介给中国读者的完整的莎士比亚剧本。1924 年，他又翻译出版了莎士比亚的《罗密欧与朱丽叶》。除此之外，1923 年翻译出版了英国王尔德的《沙乐美》。在《日本现代剧选》第一集中，收了他翻译的日本菊池宽的剧本。1925 年翻译出版了他的《日本现代剧三种》。他的译作以戏剧为多。

穆木天（1900～1971），诗人、文学翻译家。吉林伊通人。1918 年天津南开中学毕业后到日本留学。1921 年开始文学活动。1926 年回国任教。1932 年加入中国共产党，并于同年与杨骚、莆风等发起成立中国诗歌会。

20～40 年代，他一直在从事文学翻译活动。他的译作从数量上说是相当可观的，主要有纪德的《窄门》、《牧歌交响曲》；维勒得拉克的《商船坚决号》；赛甫林娜的《维里尼亚》；高尔基的《初恋》；涅维洛夫的《塔什干》等。

中国现代翻译文学史在其初期发展阶段，同新文学运动有着不可分割的联系。可以说，翻译文学是新文学运动的一个组成部分。不论是文学研究会还是创造社，不管他们在翻译风格和文学倾向方面有什么样的差异，他们的目的都是一样的，那就是建设自己的为社会、为人生的新文学。

未名社 在中国现代翻译文学史上，未名社是另一重要的文学社团。

未名社不同于文学研究会和创造社。文学研究会和创造社的成员不但从事翻译，而且也进行创作。未名社成员主要以翻译为主。鲁迅是未名社的旗帜。未名社的成员不多，但却为翻译文学的健康发展做出了很大的贡献。它培育了一批有志于译介外国文学的青年。

未名社 1925 年夏天成立于北京。其主要成员有鲁迅、韦素园、曹靖华、李霁野、韦丛芜、台静农等。未名社的翻译倾向是以译介俄国文学和十月革命之后的苏联文学为主。未名社在成立之初，并没有什么明确的目的。只是因为鲁迅等人看到书商不肯出版进步年轻人的书，便想到自己来出版。后来由于各种原因，1931 年 5 月未名社停止了活动。

未名社最早出版的书是鲁迅翻译的日本作家厨川白村的《出了象牙之塔》和李霁野翻译的俄国作家安特莱夫的作品《往星中》。在鲁迅的《出了象牙之塔》出版之后，未名社受到了人们的广泛注意。鲁迅之所以翻译该书，是因为厨川白村的作品中所针砭的日本社会的弊病也正是中国社会的弊病。

鲁迅（1881~1936），浙江绍兴人，学名周树人。1898年到南京水师学堂学习，第二年入江南陆师学堂附设的铁路矿物学堂学习。1902年3月到日本留学，开始学医学。1906年到东京，弃医从文，开始文学活动。1909年8月回国，在杭州、绍兴任教。1920年在北京大学、北京女子师范大学任教。1930年参与筹备"中国左翼作家联盟"的成立。1931年参加中国自由运动大同盟。1936年10月9日在上海逝世。

鲁迅为我国现代翻译文学的发展做出了很大的贡献。翻译介绍外国文学在他的文学活动中占了很重要的部分。他的文学活动可以说是从译介外国文学开始的。在日本留学期间，即1903年鲁迅就开始翻译小说。到五四运动前，他已先后翻译了法国作家凡尔纳的科学幻想小说《月界旅行》、《地底旅行》，日本作家上野阳一的《艺术玩赏之教育》，雨果的《哀尘》，俄国作家安特莱夫的《漫》、《默》。这一时期他与周作人合作翻译出版了《域外小说集》，介绍了俄国、北欧、波兰等国家和地区被压迫民族和人民的作品。鲁迅曾经说他开始文学生涯首先并不是"想创作，注重的倒是在介绍，在翻译，而尤其注意于短篇，特别是被压迫民族中的作者的作品"。

从五四运动开始，鲁迅更多地注重翻译俄国、日本的反映劳动人民苦难和社会黑暗的作品。他在这时期的主要译作有日本作家小路实笃的《一个青年的梦》；森鸥外的《沉默之塔》；菊池宽的《三浦右卫门的最后》、《复仇的话》；厨川白村的《苦闷的象征》、《出了象牙之塔》；俄国作家阿尔志跋绥夫的《工人绥惠略夫》、《幸福》等；爱罗先珂的《狭之笼》、《池边》、《春夜的梦》等；安特莱夫的《黯淡的烟霭里》、《书籍》等；契里珂夫的《连翘》、《省会》；芬兰作家亚勒吉阿的《父亲的亚美利加》；明那·亢德的《疯姑娘》；保加利亚作家伐佐夫的《战争中的威尔珂》等。

鲁迅这个时期的思想正处于从民主主义向共产主义转变的阶段，因此，他极力提倡翻译介绍近代俄国文学。他认为 19 世纪以来的俄国文学是"为人生"的文学，他译介俄国作家安特莱夫、阿尔志跋绥夫的作品，是因为他们的作品揭露了俄国社会的黑暗。鲁迅认为这种作品有助于启迪中国读者认识中国社会的黑暗。而爱罗先珂这位俄国盲诗人，虽然不是世界著名诗人，但鲁迅认为盲诗人的童话充满了对被压迫者的同情，因此，他热情地翻译介绍给读者。

1927 年以后，鲁迅的思想发生了根本的变化，成为一个历史唯物主义者并且被公认是左翼作家联盟的领袖。他这时译介的作品大多是苏联革命文学作品和无产阶级文艺理论。如苏联卢那察尔斯基的《艺术与阶级》、《托尔斯泰与马克思》、《艺术论》、《苏维埃国家与艺术》；普列汉诺夫的《艺术论》、《论文集〈二十年间〉第三版序》等；高尔基的《恶魔》、法捷耶夫的《毁灭》、果戈理的《死魂灵》以及契诃夫的《假病人》、《坏孩子》、《难解的性格》、《阴谋》等。

此外，他还译有法国作家腓立普的《食人人种的话》、《捕狮》；亚波里耐尔的《跳蚤》；纪德的《描写自己》；德国作家路特威锡·梭的《世界无产阶级的革命作家对中国白色恐怖及帝国主义干涉的抗议》以及日本作家关于文艺理论、文学研究方面的文章多篇，如片上伸的《北欧文学原理》、本庄可宗的《艺术与哲学、伦理》等。

　　鲁迅一生翻译介绍的外国文学作品和文艺理论著作，据不完全统计，包括俄国、英国、法国、日本、波兰、西班牙、荷兰、奥地利、芬兰、匈牙利、保加利亚、罗马尼亚、捷克等 14 个国家约百位作家的 200 余种作品。印成 33 部单行本，约有 250 万字以上。中华人民共和国成立后人民文学出版社出版了《鲁迅译文集》10 卷。

　　鲁迅晚年对翻译理论有过许多的论述，在当时翻译界影响很大。他的一系列的论述涉及的内容十分丰富，其中最主要的和突出的，有这样几个问题：一是关于翻译的目的和宗旨。1930 年 3 月他发表的《"硬译"与文学的阶级性》中谈到"为什么而译"的问题，他说一是为了提高自己和解剖自己，二是为了帮助同一阵营里的文学工作者。鲁迅赞成广泛翻译各种作品以供中国读者参考。二是关于"直译"与"硬译"。鲁迅与周作人在清末民初，就比较明确地提出了"直译"的观点，晚年更坚持这一观点，并做了透彻的论述和解释。鲁迅的"直译"是针对"歪译"而言的。三是关于翻译的语法问题。

未名社的重要成员还有韦素园、曹靖华、李霁野、韦丛芜、台静农等。这里只介绍译作比较多的曹靖华和李霁野。

曹靖华（1897～1987），河南卢氏人。五四前后，在河南开封河南省立二中读书。1924 年由中国社会主义青年团派往莫斯科，在东方大学学习。第二年回国，参加了鲁迅主持的未名社。1926～1927 年参加了第一次国内革命战争。大革命失败后，去苏联，先后在莫斯科中山大学和列宁格勒东方语言学校任教。1933 年回国，在北平大学女子文理学院、东北大学、中国大学等校任教。

从 1923 年，曹靖华开始翻译俄国和苏联文学作品。他的第一部译作是契诃夫的独幕剧《蠢货》，发表在《新青年》上。1924 年，他翻译了契诃夫的《三姐妹》，列入《文学研究会丛书》出版。1925 年，由于他协助苏联汉学家王希礼翻译鲁迅的《阿 Q 正传》，从而与鲁迅有了交往，并在鲁迅的倡导和鼓励下，翻译了许多苏联文学作品。在抗日战争和解放战争期间，他参加了中苏文化协会及文艺界抗敌协会的工作，在重庆主编《苏联文学丛书》。从 20 年代中期到 40 年代末，曹靖华翻译介绍的苏联文学作品有几十种，如高尔基的《一月九日》、阿·托尔斯泰的《保卫察里津》、卡达耶夫的《我是劳动人民的儿子》、克雷莫夫人的《邮船"德宾特"号》和《苏联作家七人集》、《契诃夫戏剧集》、绥拉菲莫维支的《铁流》等。其中，《铁流》由鲁迅出资在 1931 年由三闲书屋出版，对中国工农红军指战员发生过很大影响。

李霁野（1904～1997），安徽霍邱县人。未名社的大部分编辑出版工作是由他完成的。他为未名社的工作做出了很大的贡献。他翻译的作品主要有安特莱夫的《往星中》；俄国、波兰、美国的短篇小说集《不幸的一群》；陀思妥耶夫斯基的《被侮辱与被损害的》；阿克撒科夫的《我的家庭》；夏洛蒂·勃朗特的《简·爱》；史蒂文森的《化身博士》；涅克拉索夫的《在斯大林格勒战壕中》；维什涅夫斯基的《难忘一九一九》等。他翻译的作品包括散文、诗歌、戏剧和长篇小说等各种文学题材。

除了这些文学团体外，在1930年"左联"成立之前，值得提及的还有语丝社、沉钟社和新月社。这些文学团体在译介外国文学作品方面也做了不少的贡献。在这些文学团体之外，还有一些作家和翻译家为我国的翻译文学做出了不朽的贡献。其中，巴金是突出的一位。

巴金（1904～2005），1904年生，现代著名小说家、散文家。四川成都人，原名李芾甘。出生于封建官僚地主大家庭中。他的母亲陈淑芬是他的"第一个先生"，对他的影响极大。五四运动期间，他通过《新青年》、《每周评论》、《少年中国》等刊物，接受了进步思想；1923年离家出走到上海、南京，考入东南大学附中补习班。1927～1928年旅居巴黎期间，他深入研究了18世纪法国资产阶级革命的历史，同时开始翻译活动。这时他翻译了克鲁泡特金的《伦理学的起源和发展》（上卷）。1931 年九一八事变后，他积极参加抗日救亡运动。1933 年结识了鲁迅，被鲁迅称为"屈指可数的好作家"。抗战期间，辗转于上海、广州、桂林、重庆等地，参与《救亡日报》、文学生活出版社等的编辑出版工作。解放战争期间，主要致力于翻译、出版编辑工作。

巴金是个著名作家，一生写出了大量不朽的文学作品，如《爱情三部曲》、《激流三部曲》等。同时他也是个著名的翻译家。他的翻译活动早于文学创作。他早期的翻译主要有政论文，如 1925 年发表在上海《民钟》上的美国柏克曼的《俄罗斯的悲剧》；1925～1926 年发表的法国蒲鲁东的《财产是什么?》、1926 年发表的美国高德曼的《妇女解放的悲剧》等。他翻译的主要作品有日本秋田雨雀的《骷髅的跳舞》；高尔基的《为了单调的缘故》、《草原故事及其他》、《高尔基代表作》；阿·托尔斯泰的十二幕话剧《丹东之死》；俄国克鲁泡特金的《狱中与逃狱》、《蒲鲁东的人生哲学》、《告青年》和《我的自传》等；俄国斯特普尼亚的《地底下的俄罗斯》；短篇小说集《门槛》；匈牙利尤利巴基的《秋天里的春天》；意大利凡宰特的《一个卖鱼者的生涯》；屠格涅夫的《父与子》和《处女地》；普希金的《叛逆者之歌》等。中华人民共和国成立后，他将《父与子》和《处女地》重新翻译了一遍，还翻译了屠格涅夫的《木木》等著名中篇小说。在晚年，他还翻译了赫尔岑的《往事与随想》。在他将近 60 年的翻译活动中，他从英、法、德、世界语等语言翻译了大约 300

万字的作品。其中有文学作品，也有社会科学著作。

巴金不仅是一位著名的翻译家，而且是一位卓越的出版家。从 1935 年他担任文化生活出版社的总编辑，到 1949 年以前，他组织翻译出版了大量世界文学名著。这些著作大多汇集在《译文丛书》、《文化生活丛刊》中，包括普希金、果戈理、屠格涅夫、冈察洛夫、托尔斯泰、契诃夫、左拉、福楼拜、狄更斯、雷马克、萧伯纳等作家的 100 多种作品。

综上所述，当时译介给中国读者的外国作家作品包括了俄、法、英、德、日、印度、美国等 30 多个国家的作家的作品。其中以俄国作家的作品最多，其次是法国、德国、英国、日本和印度等国。那时受欢迎的俄国和苏联著名作家有屠格涅夫、列夫·托尔斯泰、陀思妥耶夫斯基、契诃夫、高尔基、安特莱夫、阿尔志跋绥夫、奥斯特洛夫斯基、爱罗先珂、果戈理、普希金、法捷耶夫等人。五四以后，翻译俄罗斯文学一时成为风气。俄国文学对中国新文学和读者的影响是巨大的。

法国文学对中国新文学的影响仅次于俄国文学。文学研究会从成立开始，其成员就致力于译介法国的优秀文学作品。译介的作品包括短篇小说、戏剧、长篇小说和诗歌，大多刊登在《小说月报》上。

在译介的外国文学作品中，英国文学也较多。较早被译介给中国读者的英国作家是浪漫派诗人拜伦。

那时的日本文学对中国新文学有着特殊的意义。在二三十年代，有大量的日本作家的作品被介绍给中

国读者。郭沫若曾经说，中国文坛大半是赴日留学生
建筑的。

挪威的作家尤其是易卜生对中国新文学的影响也
是很大的。他的著名剧作《玩偶之家》脍炙人口。

中国现代翻译文学在其发展过程中，经历了风风
雨雨，到 1930 年，中国左翼作家联盟成立之时，文学
翻译活动有了比以前更加明确的目的。那就是文学必
须是为人生的。翻译家在挑选翻译题材时，从有助于
改造社会的目的出发，重点选择现实主义的作家作品。
尤其重视同中国有着相似国情的国家的作品。

 3 左翼文学运动时期的
外国文学翻译

1930 年 3 月，中国左翼作家联盟在上海成立。"左
联"是第二次国内革命战争时期，中国共产党领导的
文学界的组织。初成立时，参加者约 50 人，后来人数
逐渐增加。"左联"的成立，标志着革命文学运动的新
阶段。它制定了为无产阶级及革命事业服务的文学理
论纲领，提倡文艺大众化，并建立"马克思主义文艺
理论研究会"等组织，创办《北斗》、《文学月刊》等
刊物，宣传无产阶级文学思想，为当时的无产阶级革
命文艺事业的发展，做出了积极的贡献。1936 年初，
为了组织文艺界抗日民族统一战线，"左联"宣布自动
解散。从成立到解散的这 6 年时间，在中国现代文学
发展史上，被称为"左翼文学运动时期"。1917 年

《新青年》开始的文学革命提出的是"平民文学"的口号，而左翼文学运动第一次鲜明地提出了无产阶级革命文学的口号。中国的翻译文学在这一时期发展到一个新的阶段。这一时期翻译文学的特点是，大量译介马列主义文艺理论和苏联社会主义现实主义文学作品。

20 世纪 30 年代，苏联社会主义革命和建设的成功，在全世界引起了巨大的反响。在苏联革命成功的鼓舞下，许多殖民地半殖民地国家都掀起了民族民主革命运动的高潮。苏联的文艺也随之成为世界革命文艺的旗帜，它的许多作品在被压迫人民和民族中产生了巨大的影响。

"左联"中，鲁迅是译介外国文学作品和文艺理论的积极倡导者。在"左联"的倡导和推动下，瞿秋白、冯雪峰、夏衍、柔石、曹靖华等积极译介马列主义文艺理论和苏联文学作品。

瞿秋白在翻译介绍马列主义文艺理论方面做出了杰出的贡献。他后期的翻译活动，以译介苏联的无产阶级革命文学为特征。这一时期，他译介的苏联文学作品较多，如《高尔基创作选集》、绥拉莫维支的《一天的工作》、卢那察尔斯基的《解放了的唐·吉诃德》等。瞿秋白对高尔基有着很高的评价，因此，他着重译介高尔基的作品。除了《高尔基创作选集》外，他译介的作品主要还有《高尔基早期创作两篇》、《克里木·萨慕京的生活》（仅译了一章）、《高尔基论文选集》。其中，以高尔基的散文诗《海燕》的翻译为最有代表性。《海燕》是高尔基于 1901 年写成的，曾被布尔什维克党像传单一样散发给群众。瞿秋白十分理解《海燕》的意义，他把它看做是战斗宣言。如今我们看到的瞿秋白的《海燕》译文，是他 1931 年底到 1932 年完成的。1920 ~ 1922 年，他还在苏联的时候就已经翻译了这篇散文诗。大约过了 10 年，他又重新字斟句酌地反复推敲、修改了这篇译文。可以说，《海燕》的中文译文是一篇翻译精品。

瞿秋白翻译的范围很广，涉及政治、经济、哲学和文学各个领域。10 多年的翻译活动，他为人们留下了大量的译作。据大致的统计，有长篇小说 2 部（包括片段）、中篇小说 2 篇、短篇小说 19 篇、剧本 2 部、论文 39 篇、诗歌 3 篇。

夏衍（1900 ~ 1995），现代著名戏剧家。浙江杭县（今杭州）人。原名沈乃熙。1914 年考入官费的浙江省立甲种工业学校读书。1920 年公费留学日本。在日期间，博览了欧洲和苏俄文学名著，深受契诃夫、高尔基和狄更斯等人作品的影响。1927 年回国后加入中国共产党。1927 年与鲁迅等筹建"左联"并担任执行主席。他是中国左翼戏剧家联盟的发起人，曾主编戏剧社刊物《艺术》、《沙仑》。抗战期间，曾先后在上海、广州、桂林等地主编《救亡日报》和进步报刊。著有多部剧本。

夏衍从 20 年代末就开始了翻译活动，先后译有高尔基的《母亲》、《奸细》，台未陀伊基的《乱婚裁判》，柯伦泰夫人的《恋爱之路》，日本金子洋文的

《地狱》、厨川白村的《北美印象记》、藤森成吉的《牺牲》和小林多喜二的《蟹工船》等。除了外国文学作品外，他还译有其他理论书籍，如苏联阿根的《新兴文学论》，日本本间雄久的《欧洲近代文艺思潮论》和德国倍倍尔的《妇女与社会主义》。《妇女与社会主义》是倍倍尔用马克思主义学说研究妇女问题的著名著作。夏衍是第一个将之介绍给中国读者的。该书出版后，在妇女界曾产生很大的影响。

柔石（1902～1931），浙江宁海县人。因家贫，10岁才读书。1918年考入官费的浙江省立第一师范学校。1925年到北京大学做旁听生。1928年因躲避国民党的追捕，逃到上海，结识了鲁迅，创办了"朝花社"。"左联"成立后，任执行委员、常务委员、编辑部主任。1930年加入中国共产党。1931年不幸被捕，被国民党杀害。

柔石除了创作有大量的文学作品外，还翻译了许多的外国文学作品。他的翻译可以分为前后两部分。1929年前，翻译较多的是丹麦的作品，以及南斯拉夫、法国、比利时、奥地利等国的作品。如丹麦的易拉舒曼的《教堂的船》、格斯达夫·惠特的《大小孩》、雅各生的《劳斯夫人》；奥地利 H. 巴尔的《他的美丽的妻子》；南斯拉夫麦士斯的《邻居》等。这些作品大多是反映欧洲弱小民族生活的现实主义作品。1929年柔石的翻译转向苏联的无产阶级文学。1930年他翻译了高尔基的《颓废》。此外，他还翻译有高尔基的文艺论文和苏联作家的一些短篇。

戴望舒（1905～1950），浙江杭县人。原名戴朝来。1923年毕业于杭州宗文中学。中学期间与施蛰存结成好友，后一起考入上海大学文学系。1926年加入中国共产主义青年团。1928年隐藏在上海施蛰存家中，从事创作，翻译了法国夏多勃里昂的《少女之誓》。1930年加入"左联"。1932年赴法国留学。1935年回国。1938年春到香港，主持编辑《星岛日报》文艺副刊《星座》。受中华全国文艺界抗敌协会委托，与许地山共同负责主持香港分会工作。1950年病逝。

戴望舒的翻译以法国作品最多，此外，还有苏联、西班牙等国的作品。法国的作品主要有：夏多勃里昂的《少女之誓》、穆杭的《天女玉丽》、梅里美的《高龙芭》、高莱特的《紫恋》、贝洛尔的《鹅妈妈的故事》、波特莱尔的《恶之华掇英》以及梵第根的《比较文学论》等。苏联文学主要有里特金斯基的《一周间》、伊凡诺夫的《铁甲车》、伊可维茨的《唯物史观的文学论》等。

1934年，在鲁迅和茅盾的组织和领导下，《译文》在上海创刊。它是中国第一份专门刊登翻译文学作品的刊物。《译文》的第一、二、三期是由鲁迅编辑的。从第四期起，由黄源编辑。1935年9月《译文》曾被迫停刊，1936年复刊。

《译文》的创刊号发表了茅盾、黎烈文、许遐、史步昌等人翻译的苏俄、法国、日本、匈牙利等国的作品。在三年多的时间里，《译文》前后发表了100多篇译作。鲁迅、茅盾、巴金等都在《译文》上发表过译作。在该刊物上发表译作的还有傅东华、耿济之、胡愈之、周扬、黎烈文、孙用、沈起予、赵家璧等。包括了苏俄、法、英、德、意、荷、日、丹麦、匈牙利等许多国家的著名作家作品。此外，《译文》还出了几期特刊，如高尔基逝世纪念特刊、罗曼·罗兰逝世纪念特刊和普希金纪念特刊。

《译文》的重要贡献在于它在外国文学和中国读者之间架起一座沟通的桥梁，为传播国外进步的文艺思想和文艺理论，培养翻译人才，提供了园地。

《世界文库》是"左联"时期的一项巨大的文化工程。它的编辑出版得到了当时众多的著名作家的支持和关心。它动员了全国的作家，参加编译委员会的作家、翻译家有 100 多人。它是中国最早的一套有系统、有计划地翻译介绍古今中外文学名著的大型丛书。郑振铎为主编。这套文库 1935 年由上海生活书店出版。在《世界文库》第一卷出版时，郑振铎写了《世界文库发刊缘起》。

《世界文库》计划第一集刊行 60 ~ 80 册，每月一册，每册约 40 万字。它将囊括印度、埃及、希腊、罗马、中国和现代的欧洲、日本等国的一切优秀作品。计划约有 600 种以上。在郑振铎拟定的第一集的"外国之部"的目录中，共有外国古代、中世纪、文艺复兴时期及以后各时期的名著约 400 种。

在 1935 ~ 1936 年的两年时间里，《世界文库》陆续印行了苏俄、法国、英国、希腊、德国、美国、西班牙、挪威、比利时、丹麦、波兰等国家的 100 多部作品。《世界文库》的编辑和出版受到了广大读者的欢迎。它对繁荣中国文学、发展翻译文学事业起到了积极的推动作用。

 抗战时期的外国文学翻译

1937 年，抗日战争爆发。民族危亡的命运摆在了全国人民面前。中华全国文艺界抗敌协会在汉口成立，不愿做亡国奴的文艺界人士纷纷汇集在一起，一种抗战文艺在这时产生了。外国文学的译介工作也随之发生了变化。许多的翻译家汇集在民族解放的旗帜下，顽强地坚持翻译工作。1937 年 11 月，国民政府军撤离了上海，上海沦陷。多数的文艺工作者离开了上海，疏散到全国各地，有的去了国民党统治区，有的去了抗日前线或抗日民主根据地。少数翻译家留在了上海。

这一时期，在翻译方面做出突出贡献的翻译家有朱生豪、傅雷、李健吾、戈宝权、梅益等。

朱生豪（1912～1944），浙江嘉兴人，是这一时期值得特别提及的翻译家。他在十分艰苦的情形下，以顽强的毅力完成了莎士比亚戏剧的翻译，把毕生的精力都贡献给了这一事业。他翻译的莎士比亚的剧本在中国的翻译文学史上占有重要地位。朱生豪 1929 年考入之江大学，学习中国文学，同时攻读英语。1933 年毕业。随后在上海世界书局做英文翻译。1936 年他完成了第一部莎士比亚剧本《暴风雨》的翻译。成功的欢乐促使他下定决心，要在两年的时间里，把 180 万字的莎士比亚全集全部翻译出来。在随后的不到一年的时间里，他又完成了《威尼斯商人》、《仲夏夜之梦》、《第十二夜》等莎剧的翻译。1937 年抗日战争爆发，朱生豪被迫四处迁移，部分译稿因而丢失，使得他没能如愿以偿地按期完成莎翁剧本的翻译。但他并不放弃自己的宏愿，始终没有停止翻译工作。他坚定不移地要把莎士比亚的全部戏剧译介给中国读者。1940 年秋，朱生豪由世界书局转入《中美日报》，主编国内新闻。因为工作过于繁忙，不得不暂时停止莎剧的翻译。太平洋战争爆发后，朱生豪丢了工作，便离开上海，回到嘉兴老家。他每日闭门写作，坚决地重新开始莎剧的翻译。因长期的贫困，他的身体日见孱弱。1944 年 12 月 26 日，他因肺病逝世，年仅 32 岁。他在病危时，曾后悔地对人说，早知一病不起，拼着命也要把莎剧译完。他共翻译了莎士比亚的 31 部剧本，第 32 部只译了一半。

朱生豪是用他的全部心血以至生命在译莎翁的剧本。他对待翻译的态度极其严肃认真，因而其译文流畅、优美，达到了炉火纯青的境地。1947 年秋，世界书局出版了《莎士比亚戏剧全集》三辑 27 种。原计划第四辑包括 7 部历史剧，可惜未能完成全部。中华人民共和国成立后，作家出版社和人民文学出版社曾先后在 1954 年和 1958 年将朱生豪的剧本重编为《莎士比亚戏剧集》出版，共 12 卷，31 部剧本。1978 年人民文学出版社又在朱生豪译作的基础上，对译文进行了全面的校订，增加了杨周翰、谷若译的 4 部历史剧和莎士比亚的全部诗歌作品，出版了《莎士比亚全集》，共 11 卷。这是中国出版的最完整的莎翁的作品集。

傅雷（1908～1966），上海南汇县人。20 年代初期，曾在上海天主教会创办的徐汇公学读书，因反迷信反宗教，且言论激烈，被学校开除。1927 年冬，跟随表兄赴法国留学。他一方面在巴黎大学文科听课，一方面在巴黎的卢佛美术史学院学习，攻读美术理论和艺术批评。1931 年回国后，在上海美术专科学校教授美术史和法语。傅雷的艺术造诣极高，无论是文学、绘画还是音乐，他都有着渊博的知识和独到的见解。但因为他总是与凡俗的气氛合不来，无法与人共事，于 1933 年辞职。后来他在上海和叶长春合办《时事汇报》，他任总编辑。抗战爆发后，因无法再继续从事他喜爱的学问的研究，于是开始译介外国文学作品。抗战胜利后，他加入了中国民主促进会，被选为第一届理事，中华人民共和国成立后，曾先后当选为第一届全国文代会代表、上海市政协委员等职。1966 年"文化大革命"初期，因不愿忍受侮辱而与夫人共同自尽。

傅雷从 20 年代末起，开始致力于法国文学的翻译介绍工作。由于他的天赋和修养，他的译作达到了尽善尽美的程度。数十年的奋发不辍，使他在翻译界享有很高的声誉。他所翻译的巴尔扎克的小说，在中国翻译文学史上占有十分重要的地位。鉴于他在巴尔扎克作品的翻译与研究方面所做出的贡献和所具有的极深的造诣，法国吸收他为巴尔扎克研究协会会员。

　　傅雷一生翻译的法国文学名著，共计 30 多部。译介最多的是法国现实主义作家巴尔扎克的作品。主要有《高老头》、《欧也尼·葛朗台》、《贝姨》、《邦斯舅舅》、《亚尔培·萨伐龙》、《夏倍上校》、《搅水女人》、《都尔的本堂神甫》、《幻灭》、《赛查·皮罗多盛衰记》等十几部作品。1946 年，傅雷翻译了法国著名作家罗曼·罗兰的《约翰·克利斯朵夫》。这是一部 4 卷 10 册共约 100 多万字的巨著，由骆驼书店出版。此外，他还翻译有罗曼·罗兰的作品《贝多芬传》、《弥盖郎琪罗传》和《托尔斯泰传》三部人物传记；法国伏尔泰的四种，梅里美的二种；英国罗素的《幸福之路》和丹纳的《艺术哲学》等。

　　李健吾（1906～1982），现代作家、戏剧家、文学翻译家。山西运城人。1921 年入北京师范大学附中。1925 年考入清华大学，先在中文系，后在西洋文学系学习法语，并担任清华戏剧社社长。1930 年毕业后留校任教。1931 年到法国巴黎现代语言专修学校学习法语。1933 年回国后，在上海暨南大学、实验戏剧学校任教。抗战期间，在上海从事进步戏剧运动。抗战后，与郑振铎合编《文艺复兴》杂志，并参与筹建上海实验戏剧学校。著有多部戏剧。

　　李健吾翻译出版了大量的福楼拜、司汤达、罗曼·罗兰、列夫·托尔斯泰、莫里哀、契诃夫、屠格涅夫等作家的作品。尤其以戏剧剧本为最突出。莫里哀一生共创作了 37 部喜剧，李健吾翻译了 27 部。此外，他还翻译有《高尔基戏剧集》7 册；《契诃夫独幕剧》1 册;《托尔斯泰戏剧集》7 册;《屠格涅夫戏剧集》4 册。他还改写了一些外国剧作家的剧作。

李健吾的译文十分流畅、洗练。他翻译的法国作家莫里哀的喜剧脍炙人口,在读者中享有盛誉。他的译文不但忠实于原文,而且合乎中国读者的阅读习惯。

戈宝权(1913~2000),江苏东台人。1932 年毕业于上海大夏大学。"一·二八"抗战爆发后,戈宝权在上海《时事新报》出版部当编辑,开始从事翻译和研究外国文学的工作。1935 年到苏联,任天津《大公报》驻苏记者。在苏联的三年时间里,写了许多有关苏联的报道,并开始研究托尔斯泰和普希金。1938 年回国,到达武汉,在周恩来领导下的《新华日报》作编辑工作,并加入共产党。同时他参加了中华全国文艺界抗敌协会,任对外联络委员会秘书。武汉失守后,他到重庆,担任《文学月报》和《中苏文化》的编委,并为其刊物撰写了大量的文稿。在此期间,他翻译了苏联作家爱伦堡的报告文学《六月在顿河》和《英雄的斯大林城》。

戈宝权的成就,以翻译普希金的诗歌为最突出。尤其是他翻译的普希金的《致大海》一诗,在读者中广为流传。他的主要译作有:《普希金诗选》、《谢甫琴科诗选》、《马雅可夫斯基诗选》、塔吉克诗人的《鲁达基诗选》、保加利亚诗人的《雅沃罗夫诗选》等。

法国文学的译介,这一时期除了傅雷、李健吾等著名翻译家外,值得提及的还有赵瑞蕻等人。

赵瑞蕻,1915 年生,浙江温州人。他是第一位将法国批评现实主义文学的奠基人司汤达的作品译介给中国读者的翻译家。在大学读书期间，他就曾翻译过英国诗歌和散文作品。1936 年从上海大夏大学转入青岛山东大学外文系学习法文。抗战爆发，屡次转学，最后毕业于西南联大外国语言文学系。1943 年开始翻译司汤达的《红与黑》，1944 年由重庆作家书屋出版。此外，他还翻译了司汤达的《爱的毁灭》、梅里美的《梅里美短篇小说集》等。

梅益（1913～2003），广东潮州人。抗日战争时期，他在上海做党的地下工作，参与编辑报纸，写社论、编辑《华美周刊》。同时他还为《文汇报》副刊《世纪风》翻译史沫特莱的《红军在行进》、斯诺的《西行漫记》和斯诺夫人的《续西行漫记》等。1938 年，当时的八路军上海办事处负责人交给梅益一项任务，翻译尼·奥斯特洛夫斯基的《钢铁是怎样炼成的》。这是阿历斯·布朗的英译本。梅益于 1941 年译完，1942 年由上海新知书店出版。这部书曾经鼓舞了千百万青年去奋斗。除此之外，他还译有苏联作家尼·普里波衣的《对马》、英国著名军事论著《列强军备论》以及《尼赫鲁自传》等。

除了苏俄文学外，这一时期，美国文学的译介也是很有成就的。冯亦代是其中较突出的一位。1938 年上海沦陷后，他去了香港，在《星报》做电讯翻译工作。1939 年参加国际新闻社及全国文艺界抗敌协会香港分会，与其他人一起创办英文刊物《中国作家》。1946 年担任上海文协美国文学作品编译委员会委员。他翻译的美国作家作品主要有：海明威的《第五纵队》、小说集《蝴蝶和坦克》；斯坦贝克的剧本《人鬼之间》；奥达茨的剧本《千金之子》；丽琳·海尔曼的小说《守望莱茵河》等。他翻译的多是当代美国作家的作品。

美国 19 世纪著名作家马克·吐温和杰克·伦敦的作品也在这一时期被译介给我国读者。如杰克·伦敦的《荒野的呼唤》和《雪虎》。

1941 年 12 月 8 日，太平洋战争爆发，日军占领了上海。中国共产党上海地下党利用苏联与日本定有"中立协定"的关系，在苏联友人的帮助下，以"苏商"的名义开办了时代出版社。在时代出版社工作过的先后主要有姜椿芳、陈冰夷、叶水夫、戈宝权、包文棣、陈君实、孙绳武和满涛等。1942 年 8 月 20 日，时代出版社创刊了《时代》周刊。1942 年 11 月又创办了《苏联文艺》，前后 7 年，共出了 37 期。这份刊物以译介苏联卫国战争时期的文学作品为主，设有小说、诗歌、剧本、电影、音乐、美术、事迹、评介等栏目。在 7 年的时间里，《苏联文艺》翻译介绍了阿列克塞·托尔斯泰、肖洛霍夫、拉甫列涅夫、巴甫连科、西蒙诺夫、戈尔巴托夫、吉洪诺夫、法捷耶夫、苏尔科夫等苏联著名小说家、诗人的作品。

时代出版社在成立后的大约 10 年的时间里，翻译出版了数十部苏联中、长篇小说，译介了十几位苏联诗人的诗作和剧作家的剧本。其中，影响最大、最脍炙人口的有：阿·托尔斯泰的《伊凡·苏达廖夫的故事》、肖洛霍夫的《他们为祖国而战》、巴甫连科的

《地雷狂想曲》、拉甫列涅夫的《茶玫瑰》、戈尔巴托夫的《不屈的人们》、西蒙诺夫的《日日夜夜》、法捷耶夫的《青年近卫军》等。

抗战时期和解放战争时期，在解放区，外国文学的翻译工作也是值得提及的。尤其是苏联文学的译介，对于解放区的文化事业和鼓舞人民的斗志起到过重要的作用。在译介的苏联文学作品中，最重要的和影响最大的有柯涅楚克的剧本《前线》、别克的《恐惧与无畏》等。

在解放区从事翻译工作的大多是从国民党统治区和日伪敌占区来到延安的青年知识分子。1941 年，延安成立了外语学校，培养外语人才用于军事目的。初时学校只有几十人。后来编入抗日军政大学，为俄文大队。再后来，编入军事学院，设有俄文、英文两系。由于缺乏资料，这一时期的文学翻译以苏联文艺理论和文学作品为主。据不完全统计，各解放区在 1942 ~ 1949 年前的大约 7 年时间里，共出版了 50 多种这类书籍。在解放区翻译的文学作品中，萧三翻译的《前线》和愚卿翻译的《恐惧与无畏》影响最大。

萧三（1896 ~ 1983），现代诗人。湖南湘乡县人。曾就读于长沙湖南第一师范，与毛泽东同学，并与毛泽东、蔡和森一起创建了"新民学会"。1920 年同蔡和森等人赴法国勤工俭学。1922 年加入中国共产党。1923 年到苏联莫斯科东方劳动者共产主义大学学习。学习期间，曾与陈乔年一起将《国际歌》译成中文。1930 年起，在莫斯科东方学院任教。1930 年秋天，他以中国左翼作家联盟代表的身份出席了在哈尔科夫举行的国际革命作家会议。会后，参加了国际革命作家联盟的工作，主编《国际文学》中文版。在苏联学习工作了 10 年之后，萧三回国到延安先后任鲁迅艺术学院翻译部主任、陕甘宁边区和延安文协主任、文化俱乐部主任，主编延安创办的《大众文艺》和《中国导报》。中华人民共和国成立后，长期从事世界和平运动和对外文学交流工作。曾任世界和平理事会理事及书记处书记。

他翻译的作品主要有苏联的名剧和列宁论文化和艺术的文章，以及普希金、马雅可夫斯基的诗歌。著名剧本有《马门教授》、《新木马计》、《光荣》、《前线》等。

从以上的介绍中，我们可以看出，自晚清以来，尤其是自新文化运动以来，无数的文学翻译家们呕心沥血地向中国的广大读者译介了大量的外国文学作品。这些作品大多是世界文学宝库中的精品。它们不仅在当时向国人打开了看世界的窗口，从而启迪了我们民族的心智，影响了我们文学的发展，即使是在今天，我们仍然可以从这些文学名著中了解那个时代和那个世界，可以感受到那些不朽作品中的无尽魅力。

五　西学东渐之影响

　　所谓"西学"，这里指的是西方近现代文明，包括西方先进的自然科学和社会科学，包括西方的物质文明和精神文明。而这里所说的西方，不是地理意义上的西方，它基本上是指经过资产阶级革命并实行资本主义的那些国家，由于它们的地理位置多数在欧洲，因而被称为西方。

　　从 1840 年的鸦片战争开始，先进的中国人前仆后继，为抵御强敌、拯救国家民族于危亡而苦苦求索。他们看到，西方国家经过资产阶级革命，拥有强大的经济实力和勃勃的生命力，因而称霸于世界。他们认为中国要想强盛，只有学西方。因此，一股强劲的西学之风在中国大地上回荡。但是不管是洋务派、维新派还是辛亥革命的志士，都没有在这西学东渐的过程中找到救国良方。只有当俄国十月革命的炮声给中国人民送来了马克思主义的时候，先进的中国人才终于找到了变革社会、救国救亡的真理。

　　在这个过程中，西学的译介是一座桥梁，它使中国人了解了世界，知道了科学和民主这两个词，它还使中国人懂得了只有马克思主义才能救中国。它的影响是巨大而深远的。

自从林则徐命人编译了《四洲志》，魏源又在其基础上编纂了《海国图志》之后，中国人开始知道大清帝国并不是世界上唯一强大的国家，也不是世界的中心；知道了西方国家有许多先进的东西值得中国学习。在林则徐之后，出现了一个了解世界、研究西方的潮流。有许多人撰写了研究和介绍外国情况的书籍。如徐继畲的《瀛寰志略》等。这些书籍介绍了西方近代地理知识、西方近代科技和西方各国政治制度。它们开创了"经世致用"的新风，开创了研究现实和学习西方的新风。

洋务派继林则徐之后掀起洋务运动。洋务派要"求强"、"求富"。他们掀起的洋务运动的主要内容大体包括两个方面：创办西式军工企业、民用企业和创办西式学堂、培养外语人才。其根本宗旨就是"中学为体，西学为用"。也就是说效法日本，向西方学习科技以强国，但不可触动封建的专制统治。

"中学为体，西学为用"是"师夷长技"思想的延长和扩展。19世纪60～90年代，即洋务运动时期，西学东渐的高潮形成。西方的物质文明和科学技术引进的速度加快了。大量的西书被翻译介绍到了中国。仅上海江南制造局翻译馆，从1868年成立到1880年的12年间，就翻译了西书98种、235本，译成刊印的有45种、142本；销售了3万余部，共计8万多本。到1907年，仅该馆译书销售总额就约在8万部以上。

晚清翻译的科学书籍，内容包括声光化电、天文历算、船炮汽机、矿务技艺、兵制兵学、医农工商、政法律例、史志地理、外事交涉、学校教育等各个方面。从1862年到1893年，清政府还先后兴办了23所洋务学堂，培养了一批外语外事、科学技术和军事指挥方面的人才。因此说，"中体西用"构成了近代中国人向西方学习的一个历史阶段，是中西文化冲突交融过程中一个承上启下的环节。

洋务派在19世纪后半叶兴办了大约20个制造枪炮、船舰和弹药的军工厂。其中以19世纪60年代先后办起的四大军工厂最为著名。它们是上海江南制造局、南京金陵机器局、福州船政局、天津机器局。其中以上海江南制造局最为著名。洋务派在实践中渐渐地懂得，"求强"的同时必须"求富"，必须发展近代工业。没有强大的经济实力，是无法达到"求强"的目的的。于是他们在建立军工厂之外，于70年代开始着手经营民用企业，像轮船招商局、开平矿物局、电报总局和上海机器织布局等都是那时兴办的。与此同时，社会上也相继出现了非官方的企业。如使用车床的机器厂，使用蒸汽为动力的缫丝厂，使用机器造纸、印刷出版书籍，从国外购进机器制造火柴，购进轧花机轧花等。这样就开始使我国出现了近代工业。

要发展近代工业，就需要近代科技知识。由洋务派创设的翻译机构和西式学堂，如上海江南制造局翻译馆和北京同文馆，都为促进中国近代工业的发展做出过很大的贡献。而中国近代工业发展的需要又促使对西方近代科技文献的翻译达到了一个前所未有的高潮。梁启超编纂的《西学书目表》和《读西书法》中列举的西学书目阅读指南就达 300 种之多。毫无疑问，中国近代工业的早期发展，同洋务运动时期开始的派遣留学生出国学习西方科学知识有着直接的联系，也同清末的大量翻译西方科技书籍有着很大的联系。当时在上海江南制造局工作的徐寿父子一边翻译蒸汽机的有关书籍，一边研究制造轮船。他们不仅是著名的科学文献翻译家，而且成为当时不依靠外国人可以独立制造轮船和战舰的工程师。

清末，因办理洋务的需要，清政府开始向国外派遣留学生，形成了清末留学运动。1872 年，清政府挑选了 10～20 岁的青少年 120 人，以每年 30 名的额度，陆续派到美国去学习。著名的铁路工程专家詹天佑就是其中的一员。1876 年，李鸿章选派了 7 名军官赴德国学习军事。1877 年福州船政学堂派 30 名学生分赴英、法学习海军和制造，严复即在其中。后来，清政府 12 次派遣留学生。从 1896 年起，开始向日本选派留学生。1898 年各学堂、公学、方言馆都陆续派遣留学生到国外学习技术制造、管理、军事、法制等。1906 年的官费、自费留日学生达 8000 余人。其中一些人在寻求救国真理的过程中，成为资产阶级革命派。清末的留学运动对促进西学在中国的传播和民主革命潮流的发展都起到了积极的作用。

1895 年中日海战中，洋务派精心营造了约 30 年的近代海军——北洋水师全军覆没。这标志着持续了 30

年的洋务运动失败了。洋务派"求强"、"求富"的目的没有能够达到。中国人还是处于被动挨打的境地。这是因为洋务运动的宗旨只是向西方学习科技，而不愿从根本上触动封建体制。它的失败是必然的。

尽管洋务运动失败了，但其对中国近代工业的影响是巨大的。它打破了闭关自守的状况，掀起了向西方学习科技的高潮。在1874年时，福州船政局就辞退了大部分外国技师和工头，由中国自己的工程师和技术人员承担技术设计工作。这时的江南制造局和福州船政局也已经能够批量制造机器。这证明中国已经迈开了近代工业的步伐。近代西方工业技术的引进，促成了机器工业生产的问世和近代城市的出现，使清末的社会生产力和生产关系发生了很大的改变。

除了对中国近代工业的影响外，西学对中国近代自然科学领域的影响更加深远。

明末的徐光启与利玛窦合译了《几何原本》的前6卷。在清末西学东渐的高潮中，李善兰和伟烈亚力合作翻译完成了《几何原本》的后9卷。李善兰和华蘅芳都是清末著名的数学家和科技文献家。他们先后翻译有《代数学》、《代微积拾级》、《代数术》、《三角数理》和《决疑数学》等。《决疑数学》是传入中国的第一部较完整的概率论著作。这些书籍的译出标志着中国从此有了高等数学。

不仅是数学。当时西方的其他自然科学知识也得到了广泛的译介。翻译家们将近代科学最主要的几门知识，如物理学、天文学、地学、植物细胞学等西方最新成果译介给中国，为中国近代科学的产生和发展做出了贡献。如属于地学领域的《金石识别》，是近代矿物学和晶体物理学知识的译著。它第一次系统地将这方面的知识介绍给了中国。在1903年颁布的学堂教材中属于翻译的地学教材就有《世界地理学》、《大地平方图》、《地学指路》、《金石略辨》等。在物理学方面，李善兰与英国人艾约翰合作翻译的《重学》是当时最早而且较重要的一本物理学译著。书中的一些译名一直沿用至今。后来的维新派所鼓吹的新式教育便把物理学作为重要的课程，因为他们认为要制造枪炮必须要有物理作支撑。此外，化学、医学、生物学、天文学等也都如此。晚清时期的数学教材基本上都是译著。李善兰和华蘅芳的译书多在大学使用，而其他的译著多在中小学使用。西方数学在这一时期得到了空前的传播。这些用作教材的翻译书籍，在晚清时期造就了一批不同于旧式封建文人的新型知识分子。国人高举科技救国的旗帜，大力翻译西书，将西方近代科学知识及工艺技术等全面系统地传入了中国。

1895年中日海战后，清政府被迫签订《马关条约》，民族危机空前。康有为发动"公车上书"，标志着维新运动的开始。至1898年慈禧发动政变，维新运动前后历时三年。变法维新运动虽然只有短短的三年时间，但其影响是极其深远的。以康有为、梁启超、严复为代表的维新派，大力宣传维新思想，以西方资产阶级进化论和天赋人权的学说为基本理论，掀起了资产阶级思想启蒙高潮。

西方资产阶级民主思想在中国的广泛传播和严复有着密不可分的联系。他不但翻译了一系列的西方社会科学名著，而且同时鼓吹资产阶级的新思想。在他为各个译本所写的序或跋中，强烈地表现出他的爱国意识和要求进行社会变革的呼声。他译介的众多的西学名著中，《天演论》的影响在中国近代思想史上是十分深远的。它使封建社会几千年来的传统观念受到了前所未有的冲击。它不仅意味着传统观念的改变，而且标志着新的社会变革的开始。当时的维新派人士，都对《天演论》称赞不已。梁启超、康有为、夏曾佑也都极力推崇这本书。它成了变法维新运动的理论基础。《天演论》出版之后，没有几年的时间就风行全国，整整一代青年人的思想受到了它的影响。鲁迅就曾是它的热烈追随者。胡适曾在《四十自述》中写到："《天演论》出版之后，不上几年，便风行全国，竟做了中学生的读物了……在中国屡次战败之后，在庚子、辛丑大耻辱之后，这个'优胜劣败，适者生存'的公式，确是一种当头棒喝，给了无数人一种绝大的刺激。几年之中，这种思想像野火一样，延烧着许多少年人的心和血。'天演''物竞''淘汰''天择'等等术语，都渐渐成了报纸文章的熟语，渐渐成了一班爱国志士的口头禅。还有许多人爱用这种名词做自己和儿女的名字……我自己的名字也是这种风气底下的纪念品。"胡适的话印证了天演论在当时的巨大影响。

严复的思想影响和历史作用，不限于戊戌变法时期和资产阶级改良派的范围。他译介的书籍对后来的爱国者和革命者的成长，也有着极其重要的意义。戊戌之后，有不少的资产阶级革命派和先进知识分子，也致力于译介卢梭和西方资产阶级各派理论学说，但就全面介绍西方近代思想文化来说，还没有一个人超过严复的贡献。人们把他称作是"译界太祖"。不仅严复的同时代人，如维新派的重要人物康有为、梁启超、谭嗣同，而且资产阶级革命派中后来较年轻的邹容、陈天华、胡汉民等人，都深受严复译介的西学的影响，就连鲁迅、毛泽东等人也都受到过影响。

维新派的主要代表人物康有为曾撰写过《大同书》。他在书中描绘的大同世界是资产阶级改良派寻求真理以使中国富强，和对中国未来美好社会进行探索的一种尝试。大同是儒家经典礼运篇中所描绘的理想世界。康有为吸收其中的有关思想，加上他自己想象中的公有制，描画出了这样的一个社会。在他的大同世界里，没有国家，没有军队，没有法律，没有私有制，一切土地公有，人人平等，人人劳动，妇女获得解放，婚姻自由，无家庭束缚，物质生产水平很高，集体福利事业发展很好，人人有受教育的机会。毫无疑问，他的大同社会同西方近代空想社会主义思潮在中国的传播有着很大的关系。

随着西方资产阶级启蒙思想的传播，西方的教育思想亦为国人所知。先前洋务派创办的西式学堂在洋务运动失败后，并没有随之消失。到维新运动兴起时，彻底改变教育制度的呼声更加高涨。以废除八股、改变科考制度、兴办近代学校、学习西方科技为纲领的教育改革是维新时期的重要内容。

明清两朝，科举制度已经僵化。考试以《四书》、《五经》的文句为题，文章格式规定用八股文，解释必须依照朱熹《四书集注》等书。学生学习是为了通过科举考试，达到在朝廷里做官的目的。因此，学生只读《四书》、《五经》之类，与社会生产有关的知识不被士人看重。这必然严重妨碍科学技术的进步。为了富国强民，革新人士大造舆论，要求废除科举制度，推行新式教育；要求在全国仿效西方和日本的学制，开办学校，翻译西书做教材。维新派希望通过翻译西方科学技术书籍和兴办新式学校在中国广泛传播科学知识。

1901年8月29日，清廷颁诏，自1902年起废八股、停武科考试。但直到1905年清廷才被迫完全废除科举，中国的近代教育才真正开始实行。

1909年，清政府颁布了《变通初等小学堂章程》和《变通中学堂章程》，将中学堂分为文科、实科两类。文科课程以读经讲史、中国文学、外国语、历史地理为主课；以修身、算学、博物、理化、法制、理财、图画、体操为通习课。实科以外国语、算学、物理、化学、博物为主课；以修身、读经讲史、中国文学、历史、地理、图画、手工、法制、理财、体操为通习课。学制为五年。延续了1000多年的科举制终于完结了，学子学习的目的不再以做官为唯一目的，学生学习的内容不再远离社会生产实践。这为中国实现经济近代化打下了基础。

西方资产阶级思想在中国广泛传播的结果，是在清朝末年产生了一大批资产阶级民主革命派。这些资产阶级革命派大多或曾留学日本、欧美各国，或阅读过大量的西方政治思想著作。他们赞美西方资产阶级革命的成就，鼓吹天赋人权、自由平等的观念，提出按照西方资产阶级民主政治建立"中华共和国"的主张。他们纷纷成立反清革命团体，进行宣传和组织活动，推动民主革命运动的发展。

1905年，民主革命的先行者孙中山作为发起人，联络兴中会、华兴会、光复会等团体，在日本东京成立了中国同盟会。它是近代中国第一个资产阶级革命政党。同盟会成立后，把武装斗争摆在首要的地位，多次发动反清武装起义。1911年10月武昌起义的枪声标志着辛亥革命的爆发。在起义的枪声中，各省纷纷独立，清政府的统治土崩瓦解。1912年元旦，孙中山在南京就任临时大总统，宣告中华民国成立。中华民国的成立标志着自秦汉以来的封建帝制时代的终结。

中华民国南京临时政府的最高立法机关临时参议院曾制定和通过《中华民国临时约法》。它的基本精神是要按照西方资产阶级的民主制度和立法、行政、司法"三权分离"的原则，在中国建立一个资产阶级共和国。从这部《临时约法》中，我们可以清楚地看出西方资产阶级关于国家政体的思想对辛亥革命所建立的中华民国的影响。

辛亥革命不幸失败了。成立不到100天的南京临时政府夭折了。资产阶级革命派所向往的资产阶级共和国只是昙花一现。但辛亥革命的意义是巨大的，它在民众中播撒的民主革命的种子，使民主共和的思想深入人心。它为寻求国家出路而进行的这场斗争是中国近代史上最伟大的斗争。列宁称它是"亚洲的觉醒"。戊戌维新和太平天国运动都不能和它相比。

1915年《新青年》创刊。它标志着辛亥革命后，一场更伟大的新文化运动在中国古老的大地上轰轰烈烈地展开了。辛亥革命虽然推翻了封建的君主专制统治，但旧的封建传统文化依然存在。这场以"五四"命名的新文化运动就是要向旧的封建传统文化宣战，要涤荡一切腐朽的旧文化，建立富有朝气的新文化。它是一场思想解放的伟大运动，引起了思想文化的伟大变革。这场新文化运动，以五四为界限，分为前后两个时期。五四前，新文化运动的主要内容是提倡民主，反对专制；提倡科学，反对迷信；提倡新文学，反对旧文学。而新文学运动在其中占有突出的地位。

新文学运动开创了一个石破天惊的时代。它砸碎了一切神圣的偶像，推翻了传统的观念和既定的准则，可以被接受的只有一个口号："重新估价一切"。而新文学的诞生和发展，显而易见是受到了外国文学的影响。在当时，几乎没有一个作家或文学社团不翻译外国文学作品，几乎所有的作家和社团都推崇一个或几个外国作家，并声称自己在艺术风格上受到了影响。现代著名作家巴金便曾经说过："在所有中国作家之中，我可能是最受西方文学影响的一个。"而鲁迅甚至认为，新文学是在外国文学潮流的推动下发生的，从中国古代文学中，几乎一点遗产也没有摄取。

新文学的产生和发展的确同西方文学的译介有着密不可分的联系。译介外国文学作品和文艺思潮，是文学革命的重要组成部分，同时也是它的重要贡献。据现代著名文学家、文学史家阿英编的《中国新文学大系·史料索引》统计，只是在 1917 ~ 1927 年的 10 年间，翻译出版的外国文学理论和作品的单行本就有 225 种之多。这些西方的文艺思潮和文学作品对中国现代文学的影响和作用是十分深远的。

新文学不仅在文体和艺术表现形式上受到了外国艺术形式的明显影响，而且在创作方法和文艺理论方面也受到了深刻的影响。欧洲文学中的人道主义精神和现实主义与浪漫主义的创作方法，使中国产生了如郭沫若、茅盾、巴金等这样的一大批伟大的作家。这些作家的作品足以立于世界文学之林。

以文体而言，中国的现代诗歌直接取法于外国诗歌，散文取法于英国的随笔，而话剧更纯粹是外来的艺术形式。中国的新诗创作在五四时期形成了高潮，与外国诗歌的大量译介是有着直接关系的。五四新文化时期的新诗有许多流派，如初期浪漫派、初期写实派、小诗派、普罗派、象征派、现代派等等。其中小诗派这一新诗早期流派，就是在胡适提出的"诗体大解放"和印度著名诗人泰戈尔的《飞鸟集》、日本短歌与俳句的影响下，于 1922 年在诗坛上迅速崛起的，以冰心等为代表。小诗是十分短小的抒情诗，每首多则七八行，少则二三行，表现浓缩的思想情感，体现了五四时期思想解放、不拘形式、追求自由的人文精神。又如郭沫若的《女神》。《女神》是五四时期中国新诗的奠基作和代表作之一。它以革命浪漫主义的激情，表现反帝反封建的爱国主义和革命民主主义的思想，它以冲决旧世界的狂飙突起的精神和崭新的新诗形式，给人以强烈的感染力。尤其是《女神》中的《凤凰涅槃》，更是一名篇。诗歌以凤凰集木自焚，再从死灰中复生的故事，象征旧中国及诗人自己的毁灭和新中国及诗人自己的诞生。作品充满了彻底破坏旧世界的反叛精神和革命浪漫主义的色彩，可以看出诗人的诗歌受到了美国诗人惠特曼的影响。

新文学运动时期、左联时期，翻译家们译介了大量外国优秀文艺作品。那些脍炙人口、广泛流传的艺术作品所产生的影响是巨大的。当1918年《新青年》推出了挪威戏剧大师"易卜生号"专刊时，在社会上引起了极大反响。尤其是《娜拉》这部不朽的剧作，给中国沉闷的文艺界以强烈的震撼。一时间，社会问题小说迭出。而由剧中女主人公娜拉的命运问题又引出了鲁迅的《娜拉走后怎么办》的演讲，提出妇女没有经济权便不可能获得独立和真正的解放这样一个结论。1925年鲁迅用小说《伤逝》艺术地表现了他的这一结论。易卜生不仅是个戏剧家，还是一位思想家，因此，他的戏剧不仅影响了中国的文学艺术，而且在中国的思想界也引起了巨大的波澜。尤其是他的妇女问题的提出，对旧中国的封建文化氛围是一个冲击。

翻译家们在左联时期和抗战时期译介了大量的苏联文学作品，这些优秀的作品曾经鼓舞中国人民不怕流血牺牲，前仆后继地去战斗。1931年鲁迅翻译出版了法捷耶夫的《毁灭》之后，书中的游击队队长莱奋生的形象鼓舞了成千上万的青年人。而苏联作家尼·奥斯特洛夫斯基的《钢铁是怎样炼成的》更是为中国人民所熟悉。它不仅在当时影响了为祖国解放而奋斗的一代青年，而且影响了中华人民共和国成立后成长起来的一代人。

在五四新文化运动中，发生过一场东西方文化论战，前后历时约十余年，成为新文化运动的一个重要组成部分。它是随着新文学运动中译介西方文艺思潮和社会哲学的高潮而引发的。《新青年》打出文学革命的旗帜之后，西方文艺复兴以来的各种文艺思潮以及相关的社会哲学思想纷纷被译介给中国文学界和思想界，形成了一个空前的高潮。如现实主义、浪漫主义、自然主义、唯美主义、象征主义、未来派、意象派以及人道主义、无政府主义、弗洛伊德学说、尼采和叔本华的哲学、达尔文的进化论、实用主义、马克思主义等等。外来思潮的涌入，引起了中西文化的论争。它冲破了封建文化的一统天下，打破了封建专制，使中国人的思想有了一个大的解放。西方思潮的译介，西方文明的引入引起了中国社会，尤其是学术思想界的强烈震荡。西方先进的科技，西方的资产阶级民主制度和政体，乃至西方的思想和生活方式，对于封闭千年的中国，尤其是对于渴望变革的人士来说，无疑是具有很大的诱惑力的。在这种强烈的冲击下，如何看待西方文化和传统的中国文化，成为当时人们普遍关注的问题。五四前后延续了十余年的东西方文化论战，就是因西方文化的输入引起的。

在这场文化论战的初期，即1915～1919年的五四运动前夕，由于新文化运动刚刚兴起，东西文化的论争，基本上是集中在比较东西文化孰优孰劣方面。论战的双方，一方以陈独秀、李大钊等人为主编的《新青年》为主，另一方则是以杜亚泉为主编的《东方杂志》为主。当时蔡元培等也加入了论争。守旧派代表人物辜鸿铭写了《春秋大义》一文，鼓吹尊王、尊孔，宣扬中国固有文化，认为西方文化不如中国文化，反对西方文化的输入。《东方杂志》发表一系列的文章支持辜鸿铭的观点。陈独秀随后发表数篇文章，批评《东方杂志》维护封建制度与伦理、反对西方文化的立场，同时阐明了当时新旧文化的根本区别和优劣。李大钊写了《东西文明根本之异点》，肯定西方文明比东方文明优越之处，提出中国当时唯一的出路是积极吸收西方文化，彻底否定中国固有的封建文化。到了1919年，东西文化论争的焦点，由比较两种文化间的差异转向如何处理东西文化间的关系，东西文化相互是否可以融合。这时的主要代表人物有陈独秀、李大钊、蔡元培、张东荪、章士钊等。这期间，林琴南曾运动国会议员弹劾教育总长、北京大学校长蔡元培。蔡元培发表文章，声明他坚持"循思想自由原则，取兼容并包主义"。陈独秀、李大钊等发表文章反对以政治干涉学术、以武力压制新思想，提出要正确处理学术和政治的关系。再后来，梁启超的《欧游心影录》和梁漱溟的《东西文化及其哲学》发表，这场东西文化论争便进入了一个新的高潮。从表面上看来，这时论争的焦点又回到东西文化孰优孰劣的争论上，但实际上论争的深度加大了。

中国近代化过程中的多次失败，使得人们思索着它的根本原因，从而试图寻找出中国的出路。李大钊以西方文化为参照，探索中国传统文化的本质。他认为，中国要实现近代化，首先必须改造中国的传统文化，重新塑造人们的价值尺度、思维方式、行为标准和审美情趣。陈独秀则把辛亥革命失败的原因归结为它只推翻了君主政体，而没有通过批判封建的意识形态，使国民真正觉醒。他认为必须先清除一切旧思想，才能真正建立共和国。鲁迅等人从封建伦理道德统治着中国这一现实出发，认为首先必须号召人们奋起打倒"吃人"的旧礼教。总之，忧国忧民的先进的知识分子们多数都认为，要想使中国站起来，最重要的、第一步要做的是改造国民性，实现人的思想的解放，彻底抛弃旧的封建文化。他们都已经认识到思想文化的变革在社会变革、社会革命中的重要地位和作用，开展文化启蒙运动，清除人们思想中的封建意识具有极其重要的意义。他们已经站在思想文化的高度上在寻求救国的出路。因此，他们所掀起的新文化运动具有前无古人的意义。在五四爱国运动爆发之前，新文化运动是一场伟大的思想启蒙运动，它批判封建主义，唤醒国民，是一场要求进步、寻求真理、追求解放的运动。

1919 年爆发了五四运动，新文化运动因此发展到新的阶段。这一阶段新文化运动的特点是马克思主义得到了广泛的传播。当时，宣传新思想的书籍和刊物迅猛增加，而社会主义成为公认的最时髦的新思潮。但除了马克思和恩格斯的科学社会主义之外，各种无政府主义也被当成了社会主义译介过来。在眼花缭乱的各种学说面前，一批先进的知识分子经过探索，最终接受了马克思主义，重新考虑选择改造中国的道路。

1919 年 5 月，《新青年》出了马克思研究专号，李大钊发表了他的著名的论文《我的马克思主义观》。文章对马克思主义的三个组成部分做了阐述，是当时系统介绍马克思主义的代表作。在这期专号之后，《新青年》不断发表介绍马克思列宁主义、社会主义革命等方面的文章。

这一时期，研究马克思主义的社团纷纷成立。1920 年 3 月，在李大钊的指导下，北京大学学生邓中夏、黄日葵、高君宇等组织了"马克思学说研究会"、"俄罗斯研究会"。天津有周恩来等组织的"觉悟社"。随着马克思主义的广泛传播，一批革命知识分子成长了起来。

从 1920 年起，具有初步共产主义思想的知识分子在革命实践的过程中，逐步认识到，要从根本上改变中国社会，就必须走俄国十月革命的道路，还要成立一个无产阶级的政党。1921 年 7 月，中国共产党第一次全国代表大会在上海召开，它宣告了中国共产党的诞生。从此，中国有了一个完全新式的、以马克思主义为行动指南、以实现共产主义为目标的全国统一的政党。

中国共产党的成立，在中国历史上具有划时代的意义。它意味着中国人民在经历了长期艰难曲折的探索之后，终于找到了真理，革命有了科学的指导思想。它使中国革命的面貌从此焕然一新。

中国共产党在革命斗争的实践中，以马克思的无产阶级革命理论为指导，领导和依靠中国广大的劳动人民，经过多年的艰苦卓绝的奋斗，终于建立了中华人民共和国。我们可以毫不犹豫地说，如果没有马克思主义在中国的广泛传播，如果中国人没有选择马克思主义作为指导中国革命的理论方针，如果中国人没有选择科学社会主义道路，便没有中华人民共和国的成立。

毛泽东在《论人民民主专政》中说："自从 1840 年鸦片战争失败那时起，先进的中国人，经过千辛万苦，向西方寻求真理。洪秀全、康有为、严复和孙中山，代表了在中国共产党出世以前向西方寻找真理的一派人物。"

翻开中国近代史，我们清楚地看到，从 1840 年的鸦片战争开始，中华民族就一直面临着亡国灭种的危险，面对西方列强的侵略，人们一直在做着"富强"梦。为了实现这梦想，一代又一代的中国人求索着，向西方学习着。然而，在十月革命送来马克思主义之前，中国人在向西方学习的过程中，无论怎样学习摹仿，却总是失败。洋务派向西方学习先进的科技，造出了坚船利炮，但在甲午战争中却依然被日本打败；维新派和辛亥志士向西方学习资产阶级民主政体，企图建立资产阶级民主国家，却又失败了。中国究竟该向哪里去？先进的中国人在痛苦中思索着，在黑暗中寻求着，要拯救国家民族于危亡的顽强意志鼓舞着他们继续不断地求索。1917 年，俄国十月革命成功了。1919 年五四爱国运动之后的中国人终于明白了，只有马克思主义能够救中国！从此，建立一个像苏联一样的社会主义国家就成了中国共产党领导中国人民英勇奋斗的目标。在经过了艰苦卓绝的斗争，付出了鲜血和生命的代价之后，中华人民共和国终于屹立在世界的东方。中华民族终于摆脱了一百多年来的被侵略、被欺侮的境地，开始书写她崭新的篇章！

六 重要翻译作品著译者及刊行年代

《四洲志》，林则徐编译，据〔英〕慕瑞著《地理大全》，1841；

《海国图志》，魏源编译，1842；

《几何原本》后 9 卷，李善兰、伟烈亚力合译，1860；

《万国公法》，〔英〕丁韪良译，1864；

《重学》，李善兰、伟烈亚力合译，1866；

《谈天》，李善兰、伟烈亚力合译，1872；

《代数学》，李善兰、伟烈亚力合译；

《代微积拾级》，李善兰、伟烈亚力合译，1859；

《化学鉴原》，徐寿、傅兰雅合译，1872；

《金石识别》，华蘅芳译，1874；

《地学浅释》，华蘅芳译，1874；

《代数术》，华蘅芳译，1874；

《微积溯源》，华衡芳译，1874；

《格致新机》，〔英〕培根著，沈寿康译，1889；

《天演论》，〔英〕赫胥黎著，严复译，1898；

《巴黎茶花女遗事》，〔法〕小仲马著，林纾译，1899；

《黑奴吁天录》，〔美〕斯通夫人著，林纾译，1901；

《原富》，〔英〕亚当·斯密著，严复译，1902；

《路索民约论》，〔法〕卢梭著，杨廷栋译，1902；

《二十世纪之怪物帝国主义》，〔日〕幸德秋水著，赵必振译，1902；

《群学肄言》，〔英〕斯宾塞著，严复译，1903；

《群己权界说》，〔英〕穆勒著，严复译，1903；

《近世社会主义》，〔日〕福井准造著，赵必振译，1903；

《社会主义神髓》，〔日〕幸德秋水著，赵必振译，1903；

《社会通诠》，〔英〕詹克斯著，严复译，1904；

《法意》，〔法〕孟德斯鸠著，严复译，1904；

《名学浅说》，〔英〕杰文斯著，严复译，1909；

《斯宾塞女权篇达尔文物竞篇合刻》，马君武译，1903；

《空想社会主义与科学社会主义》，〔德〕恩格斯著，施仁荣译，1912；

《物种原始》，〔英〕达尔文著，马君武译，1919；

《三十三年落花梦》，〔日〕宫崎寅藏著，金一译，1903；

《月界旅行》，〔法〕儒勒·凡尔纳著，鲁迅译，1903；

《地底旅行》，〔法〕儒勒·凡尔纳著，鲁迅译，1904；

《域外小说集》，鲁迅、周作人合译，1909；

《拜伦诗选》，苏曼殊译，1909；

《威廉·退尔》，〔法〕席勒著，马君武译；

《心狱》，〔俄〕托尔斯泰著，马君武译，1913；

《共产党宣言》，〔德〕马克思、恩格斯著，陈望道译，1920；

《易卜生集》，潘家洵译，1920；

《疯人日记》，〔俄〕果戈理著，耿济之译，1921；

《唯物史观的解说》，〔荷兰〕郭泰著，李达译，1921；

《雷雨》，〔俄〕奥斯特洛夫斯基著，耿济之译，1921；

《复活》，〔俄〕托尔斯泰著，耿济之译，1922；

《白痴》，〔俄〕陀思妥耶夫斯基著，耿济之译；

《死屋手记》，〔俄〕陀思妥耶夫斯基著，耿济之译；

《哈姆雷特》，〔英〕莎士比亚著，田汉译，1922；

《少年维特之烦恼》，〔德〕歌德著，郭沫若译，1922；

《飞鸟集》，〔印〕泰戈尔著，郑振铎译，1922；

《新月集》，〔印〕泰戈尔著，郑振铎译，1923；

《罗密欧与朱丽叶》，〔英〕莎士比亚著，田汉译，1924；

《苦闷的象征》，〔日〕厨川白村著，鲁迅译，

1924；

《感觉的分析》，〔奥〕马赫著，张庭英译，1924；

《社会学方法论》，〔法〕涂尔干著，许德珩译，1924；

《纯粹理性批判》，〔德〕康德著，胡仁源译，1925；

《出了象牙之塔》，〔日〕厨川白村著，鲁迅译，1925；

《往星中》，〔俄〕安特莱夫著，李霁野译，1925；

《外套》，〔俄〕果戈理著，韦素园译，1926；

《浮士德》，〔德〕歌德著，郭沫若译，1928；

《艺术论》，〔苏〕卢那察尔斯基著，鲁迅译，1929；

《母亲》，〔苏〕高尔基著，夏衍译，1930；

《我的童年》，〔苏〕高尔基著，林曼青译，1930；

《资本论》（第一分册），〔德〕马克思著，陈启修译，1930；

《家庭、私有制和国家的起源》，〔德〕恩格斯著，茅盾、刘导生合译，1930；

《辩证法唯物教程》，〔苏联〕西洛可夫著，李达、雷仲坚译，1932；

《新哲学大纲》，〔苏〕米丁、拉里察维基等著，艾思奇、郑易里译，1936；

《辩证唯物论与历史唯物论》（上下册），〔苏〕米丁著，沈志远译，1936、1938；

《反杜林论》，〔德〕恩格斯著，吴亮平译，1930；

《无产阶级哲学——唯物论》，〔苏〕哥列夫著，瞿秋白译，1927；

《家庭、私有制和国家的起源》，〔德〕恩格斯著，李膺扬译，1929；

《路德维希·费尔巴哈和德国古典哲学的终结》，〔德〕恩格斯著，彭嘉生译，1929；

《战争与和平》，〔俄〕列夫·托尔斯泰著，郭沫若译，1931；

《铁流》，〔苏〕绥拉菲莫维支著，曹靖华译，1931；

《毁灭》，〔苏〕法捷耶夫著，鲁迅译，1931；

《大地》，〔美〕赛珍珠著，宜闲译，1932；

《叶赛宁诗选》，〔苏〕叶赛宁著，楼适夷译，1932；

《纯粹理性批判》，〔德〕康德著，胡仁源译，1933；

《新工具》，〔英〕培根著，关其桐译，1934；

《人类理解研究》，〔英〕休谟著，关其桐译，1936；

《方法论》，〔法〕笛卡儿著，关其桐译，1935；

《黑格尔哲学之批判》，费尔巴哈著，柳若水译，1935；

《死魂灵》，〔俄〕果戈理著，鲁迅译，1935；

《华伦斯坦》，〔德〕席勒著，郭沫若译，1936；

《假日》，〔日〕小林多喜二著，聂绀弩译，1936；

《猎人日记》，〔俄〕屠格涅夫著，耿济之译，

1936；

《奥赛罗》，〔英〕莎士比亚著，梁实秋译，1936；

《被开垦的处女地》，〔苏〕肖洛霍夫著，周立波译，1936；

《实践理性批判》，〔德〕康德著，张铭鼎译，1936；

《约翰·克利斯朵夫》，〔法〕罗曼·罗兰著，傅雷译，1937；

《失乐园》，〔英〕弥尔顿著，傅东华译，1937；

《社会经济史》，〔德〕马克斯·韦伯著，郑太朴译，1937；

《资本论》，〔德〕马克思著，郭大力、王亚南合译，1938；

《列宁选集》，延安解放社，1938；

《马克思恩格斯论中国》，延安解放社，1938；

《我的自传》，〔俄〕克鲁泡特金著，巴金译，1939；

《从暴风雨里所诞生的》，〔苏〕奥斯特洛夫斯基著，王语今译，1940；

《静静的顿河》，〔苏〕肖洛霍夫著，金人译，1940；

《钢铁是怎样炼成的》，〔苏〕尼·奥斯特洛夫斯基著，梅益译，1941；

《俄罗斯人》，〔苏〕K. 西蒙诺夫著，丰爱虚译，1943；

《父与子》，〔俄〕屠格涅夫著，巴金译，1943；

《红与黑》,〔法〕司汤达著,赵瑞蕻译,1944;

《文化论》,〔波兰〕马林诺夫斯基著,费孝通译,1944;

《安娜·卡列尼娜》,〔俄〕列夫·托尔斯泰著,周扬译;

《青年近卫军》,〔苏〕法捷耶夫著,叶水夫译,1946;

《罪与罚》,〔俄〕陀思妥耶夫斯基著,韦丛芜译,1946;

《忏悔录》,〔法〕卢梭著,沈起予译,1948。

参考书目

1. 黎难秋著《中国科学文献翻译史稿》，中国科学技术大学出版社，1993。

2. 马祖毅著《中国翻译简史》，中国对外翻译出版公司，1984。

3. 陈玉刚主编《中国翻译文学史稿》，中国对外翻译出版公司，1989。

4. 《中国文化史年表》，上海辞书出版社，1990。

5. 胡绳著《从鸦片战争到五四运动》，人民出版社，1981。

6. 郑方泽著《中国近代文学史事编年》，吉林人民出版社，1983。

7. 陈福康著《中国译学理论史稿》，上海外语教育出版社，1992。

《中国史话》总目录

系列名	序 号	书 名	作 者	
物化历史系列（28种）	24	寺观史话	陈可畏	
	25	陵寝史话	刘庆柱	李毓芳
	26	敦煌史话	杨宝玉	
	27	孔庙史话	曲英杰	
	28	甲骨文史话	张利军	
	29	金文史话	杜 勇	周宝宏
	30	石器史话	李宗山	
	31	石刻史话	赵 超	
	32	古玉史话	卢兆荫	
	33	青铜器史话	曹淑芹	殷玮璋
	34	简牍史话	王子今	赵宠亮
	35	陶瓷史话	谢端琚	马文宽
	36	玻璃器史话	安家瑶	
	37	家具史话	李宗山	
	38	文房四宝史话	李雪梅	安久亮
制度、名物与史事沿革系列（20种）	39	中国早期国家史话	王 和	
	40	中华民族史话	陈琳国	陈 群
	41	官制史话	谢保成	
	42	宰相史话	刘晖春	
	43	监察史话	王 正	
	44	科举史话	李尚英	
	45	状元史话	宋元强	
	46	学校史话	樊克政	
	47	书院史话	樊克政	
	48	赋役制度史话	徐东升	
	49	军制史话	刘昭祥	王晓卫

系列名	序号	书名	作者
制度、名物与史事沿革系列（20种）	50	兵器史话	杨毅 杨泓
	51	名战史话	黄朴民
	52	屯田史话	张印栋
	53	商业史话	吴慧
	54	货币史话	刘精诚 李祖德
	55	宫廷政治史话	任士英
	56	变法史话	王子今
	57	和亲史话	宋超
	58	海疆开发史话	安京
交通与交流系列（13种）	59	丝绸之路史话	孟凡人
	60	海上丝路史话	杜瑜
	61	漕运史话	江太新 苏金玉
	62	驿道史话	王子今
	63	旅行史话	黄石林
	64	航海史话	王杰 李宝民 王莉
	65	交通工具史话	郑若葵
	66	中西交流史话	张国刚
	67	满汉文化交流史话	定宜庄
	68	汉藏文化交流史话	刘忠
	69	蒙藏文化交流史话	丁守璞 杨恩洪
	70	中日文化交流史话	冯佐哲
	71	中国阿拉伯文化交流史话	宋岘

系列名	序号	书名	作者
思想学术系列（21种）	72	文明起源史话	杜金鹏　焦天龙
	73	汉字史话	郭小武
	74	天文学史话	冯时
	75	地理学史话	杜瑜
	76	儒家史话	孙开泰
	77	法家史话	孙开泰
	78	兵家史话	王晓卫
	79	玄学史话	张齐明
	80	道教史话	王卡
	81	佛教史话	魏道儒
	82	中国基督教史话	王美秀
	83	民间信仰史话	侯杰
	84	训诂学史话	周信炎
	85	帛书史话	陈松长
	86	四书五经史话	黄鸿春
	87	史学史话	谢保成
	88	哲学史话	谷方
	89	方志史话	卫家雄
	90	考古学史话	朱乃诚
	91	物理学史话	王冰
	92	地图史话	朱玲玲
文学艺术系列（8种）	93	书法史话	朱守道
	94	绘画史话	李福顺
	95	诗歌史话	陶文鹏
	96	散文史话	郑永晓
	97	音韵史话	张惠英
	98	戏曲史话	王卫民
	99	小说史话	周中明　吴家荣
	100	杂技史话	崔乐泉

系列名	序号	书 名	作 者	
社会风俗系列（13种）	101	宗族史话	冯尔康	阎爱民
	102	家庭史话	张国刚	
	103	婚姻史话	张 涛	项永琴
	104	礼俗史话	王贵民	
	105	节俗史话	韩养民	郭兴文
	106	饮食史话	王仁湘	
	107	饮茶史话	王仁湘	杨焕新
	108	饮酒史话	袁立泽	
	109	服饰史话	赵连赏	
	110	体育史话	崔乐泉	
	111	养生史话	罗时铭	
	112	收藏史话	李雪梅	
	113	丧葬史话	张捷夫	
近代政治史系列（28种）	114	鸦片战争史话	朱谐汉	
	115	太平天国史话	张远鹏	
	116	洋务运动史话	丁贤俊	
	117	甲午战争史话	寇 伟	
	118	戊戌维新运动史话	刘悦斌	
	119	义和团史话	卞修跃	
	120	辛亥革命史话	张海鹏	邓红洲
	121	五四运动史话	常丕军	
	122	北洋政府史话	潘 荣	魏又行
	123	国民政府史话	郑则民	
	124	十年内战史话	贾 维	
	125	中华苏维埃史话	杨丽琼	刘 强
	126	西安事变史话	李义彬	
	127	抗日战争史话	荣维木	

系列名	序号	书名	作者	
近代政治史系列（28种）	128	陕甘宁边区政府史话	刘东社	刘全娥
	129	解放战争史话	朱宗震	汪朝光
	130	革命根据地史话	马洪武	王明生
	131	中国人民解放军史话	荣维木	
	132	宪政史话	徐辉琪	付建成
	133	工人运动史话	唐玉良	高爱娣
	134	农民运动史话	方之光	龚 云
	135	青年运动史话	郭贵儒	
	136	妇女运动史话	刘 红	刘光永
	137	土地改革史话	董志凯	陈廷煊
	138	买办史话	潘君祥	顾柏荣
	139	四大家族史话	江绍贞	
	140	汪伪政权史话	闻少华	
	141	伪满洲国史话	齐福霖	
近代经济生活系列（17种）	142	人口史话	姜 涛	
	143	禁烟史话	王宏斌	
	144	海关史话	陈霞飞	蔡渭洲
	145	铁路史话	龚 云	
	146	矿业史话	纪 辛	
	147	航运史话	张后铨	
	148	邮政史话	修晓波	
	149	金融史话	陈争平	
	150	通货膨胀史话	郑起东	
	151	外债史话	陈争平	
	152	商会史话	虞和平	
	153	农业改进史话	章 楷	
	154	民族工业发展史话	徐建生	
	155	灾荒史话	刘仰东	夏明方
	156	流民史话	池子华	
	157	秘密社会史话	刘才赋	
	158	旗人史话	刘小萌	

系列名	序号	书名	作者	
近代中外关系系列（13种）	159	西洋器物传入中国史话	隋元芬	
	160	中外不平等条约史话	李育民	
	161	开埠史话	杜语	
	162	教案史话	夏春涛	
	163	中英关系史话	孙庆	
	164	中法关系史话	葛夫平	
	165	中德关系史话	杜继东	
	166	中日关系史话	王建朗	
	167	中美关系史话	陶文钊	
	168	中俄关系史话	薛衔天	
	169	中苏关系史话	黄纪莲	
	170	华侨史话	陈民	任贵祥
	171	华工史话	董丛林	
近代精神文化系列（18种）	172	政治思想史话	朱志敏	
	173	伦理道德史话	马勇	
	174	启蒙思潮史话	彭平一	
	175	三民主义史话	贺渊	
	176	社会主义思潮史话	张武　张艳国	喻承久
	177	无政府主义思潮史话	汤庭芬	
	178	教育史话	朱从兵	
	179	大学史话	金以林	
	180	留学史话	刘志强　张学继	
	181	法制史话	李力	
	182	报刊史话	李仲明	
	183	出版史话	刘俐娜	

系列名	序号	书名	作者
近代精神文化系列（18种）	184	科学技术史话	姜　超
	185	翻译史话	王晓丹
	186	美术史话	龚产兴
	187	音乐史话	梁茂春
	188	电影史话	孙立峰
	189	话剧史话	梁淑安
近代区域文化系列（一种）	190	北京史话	果鸿孝
	191	上海史话	马学强　宋钻友
	192	天津史话	罗澍伟
	193	广州史话	张　苹　张　磊
	194	武汉史话	皮明庥　郑自来
	195	重庆史话	隗瀛涛　沈松平
	196	新疆史话	王建民
	197	西藏史话	徐志民
	198	香港史话	刘蜀永
	199	澳门史话	邓开颂　陆晓敏　杨仁飞
	200	台湾史话	程朝云

《中国史话》主要编辑
出版发行人

总 策 划 谢寿光　王　正

执行策划 杨　群　徐思彦　宋月华

　　　　　梁艳玲　刘晖春　张国春

统　　筹 黄　丹　宋淑洁

设计总监 孙元明

市场推广 蔡继辉　刘德顺　李丽丽

责任印制 岳　阳